QUESTIONS ESTHÉTIQUES ET RELIGIEUSES

LA QUESTION DE L'ART POUR L'ART

I

CLASSIQUES DU DIX-SEPTIÈME ET DU DIX-HUITIÈME SIÈCLE

La philosophie de l'art et de la critique comprend un certain nombre de petits problèmes amusants — pour ceux que l'esthétique amuse, — mais qui ne sont amusants que parce qu'ils se dérobent à toute solution trop catégorique et qu'il y subsiste toujours, après les analyses les plus lumineuses et les plus pénétrantes, quelque chose d'assez insaisissable pour offrir à la curiosité une matière continuellement nouvelle et perpétuer la controverse. Petits problèmes, ai-je dit, car il n'y a de vraiment grands problèmes que ceux qui intéressent notre destinée, et les questions dont je parle n'ont point cette portée supérieure. Voici une de celles qu'on a le plus souvent et le plus vivement agitées :

L'art est-il un pur jeu, tantôt frivole et tantôt sublime, mais tirant dans tous les cas sa dignité de son inutilité

STAPFER

1

même et de sa haute indifférence pour tout résultat pratique, quelque noble et important qu'il soit ? ou bien, au contraire, l'art ne peut-il atteindre sa pleine perfection qu'autant qu'il s'emploie au service de quelque grande cause, dont le triomphe est cher au cœur de l'artiste ?

Bien que la seconde de ces deux thèses ne compte pour défenseurs que des gens graves, on se tromperait fort si l'on supposait que la première n'a eu, pour la soutenir, que des esprits légers, et que, dans cette discussion, les têtes folles ou plus spirituelles que solides forment seules le parti de *l'art pour l'art*, tandis que tous ceux qui pensent sérieusement se rangent sous le drapeau de *l'art utile.* Le fait est, au contraire, que la plupart des philosophes de profession, les spiritualistes comme les autres, ont affirmé, d'une façon générale, l'indépendance de l'artiste par rapport à tout but pratique et ont dit, plus ou moins catégoriquement, que l'art avait *sa fin en lui-même.* Les grands écrivains du dix-septième siècle ne passent pas pour moins graves que ceux du dix-huitième : eh bien, c'est plutôt chez eux, c'est chez Corneille, chez Molière, chez Racine qu'on trouvera des représentants et des théoriciens de l'art pour l'art, pendant que les apologistes de l'art utile iront chercher de préférence parmi leurs successeurs la double autorité de la doctrine et de l'exemple.

1

Le théâtre de Corneille étant une école de grandeur d'âme et d'héroïques vertus, on se représente volontiers ce poète comme un prédicateur de morale, et personne ne serait surpris de rencontrer sous sa plume la célèbre profession qu'Aristophane a placée dans la bouche d'Eschyle, profession qu'on ne peut guère se dispenser de rappeler au début d'une étude sur la question du but de l'art et de la poésie :

« Le poète est, pour les hommes faits, ce que l'instituteur est pour les enfants. Nous ne devons rien dire que d'utile. » Et encore :

— Réponds-moi, demande dans la comédie des *Grenouilles* Eschyle à Euripide, qu'admire-t-on dans un poète ?

EURIPIDE. — Les habiles conseils qui rendent les citoyens plus sages.

ESCHYLE. — Vois les hommes grands et braves que je t'avais laissés. Ils ne fuyaient pas les charges publiques et n'étaient pas, comme aujourd'hui, des discoureurs de carrefour, des charlatans et des fourbes; ils ne respiraient que les combats.

BACCHUS. — Et comment leur avais-tu inspiré la bravoure ?

ESCHYLE. — En composant un drame tout plein de l'esprit de Mars.

BACCHUS. — Lequel ?

ESCHYLE. — *Les Sept Chefs devant Thèbes*; puis, en donnant *les Perses*, qui nous ont appris à vaincre. Voilà les sujets que doivent traiter les poètes. Quels services ont rendus, dès l'origine, les plus célèbres d'entre eux ! Orphée nous a enseigné les saints mystères et l'horreur du meurtre; Musée, les remèdes des maladies et les oracles; Hésiode, l'agriculture, le temps des récoltes et des semailles. Et le divin Homère, d'où lui est venue sa gloire immortelle, si ce n'est d'avoir enseigné des choses utiles : la valeur militaire et le métier des armes ? C'est d'après lui que j'ai représenté les Patrocle et les Teucer au cœur de lion, pour inspirer à chaque citoyen le désir de s'égaler à ces grands hommes, dès que retentira le son de la trompette. Mais, certes, je n'ai point mis sur la scène de Phèdres impudiques, et je ne sais même si j'ai jamais représenté une femme amoureuse.

Bien que Corneille appartienne, comme poète, à la forte race d'Eschyle, il n'a jamais prétendu théoriquement que l'art dramatique eût le devoir d'être utile, et il a même mis à soutenir la thèse opposée une insistance qui étonne. Il écrit dans l'épître dédicatoire de sa tragédie de *Médée* :

Le but de la poésie dramatique est de plaire, et les règles qu'elle nous prescrit ne sont que des adresses pour en faciliter les moyens au poète... Ici, vous trouverez le crime en son char de triomphe, et peu de personnages sur la scène dont les mœurs ne soient plus mauvaises que bonnes ; mais la peinture et la poésie ont cela de commun, entre beaucoup d'autres choses, que l'une fait souvent de beaux portraits d'une femme laide, et l'autre, de belles imitations d'une action qu'il ne faut pas imiter. Dans la portraiture, il n'est pas question si un visage est beau, mais s'il ressemble ; et dans la poésie, il ne faut pas considérer si les mœurs sont vertueuses, mais si elles sont pareilles à celles de la personne qu'elle introduit.

L'épître dédicatoire de *la Suite du Menteur* est plus explicite encore ; l'auteur y prend formellement parti contre les moralistes qui assignent l'utilité comme but à la poésie ; il déclare se séparer « de ceux qui tiennent que la poésie a pour but de profiter aussi bien que de plaire »; il « tient avec Aristote et Horace que l'art du poète n'a pour but que le divertissement », et il défie « ceux du parti contraire » de « trouver le mot d'*utilité* dans toute la poétique d'Aristote (1) ». Cependant, comme Horace a dit aussi :

Omne tulit punctum qui miscuit utile dulci
Lectorem delectando pariterque monendo,

(1) *Ceux du parti contraire* étaient d'abord l'Académie française blâmant Corneille de s'être « écarté » dans le *Cid* « du but de la poésie, qui veut être utile ». En 1642, dans la préface d'une de ses tragédies, Pierre du Ryer déclare vouloir « ramener la poésie à son ancienne institution » en mêlant « l'utilité au plaisir et l'instruction au divertissement », afin que « le théâtre devienne pour tout le monde la plus agréable école où l'on puisse apprendre la vertu ».

Corneille ne peut interdire au poète de rechercher l'utile
avec l'agréable ; il ne lui permet pas seulement, il l'approuve de s'en préoccuper ; mais il a bien soin d'établir
que ce mérite complémentaire est un surcroît de perfection, dont nous devons savoir d'autant plus gré au
poète que les règles de son art ne l'y obligeaient
point. « Pour moi, j'estime extrêmement ceux qui
mêlent l'utile au délectable, et d'autant plus qu'ils n'y sont
pas obligés par les règles de la poésie ; mais je dénie qu'ils
faillent contre ces règles lorsqu'ils ne l'y mêlent pas, et
les blâme seulement de ne s'être pas proposé un objet
assez digne d'eux, ou, si vous me permettez de parler un peu
chrétiennement, de n'avoir pas eu assez de charité pour
prendre l'occasion de donner en passant quelque instruction à ceux qui les écoutent ou qui les lisent. Pourvu
qu'ils aient trouvé le moyen de plaire, ils sont quittes envers leur art ; et, s'ils pèchent, ce n'est pas contre lui, c'est
contre les bonnes mœurs et contre leur auditoire. » —
Dans son *Discours de la tragédie*, Corneille répète de
nouveau : « Le but du poète est de plaire selon les règles
de son art » ; et, dans son *Discours de l'utilité et des parties
du poème dramatique*, il expose à fond sa théorie complète
sur ce point : « Le seul but de la poésie dramatique est de
plaire aux spectateurs... Aristote, dans tout son *Traité de
la poétique*, n'a pas employé une seule fois le mot d'*utilité*... Mais puisque Horace nous apprend que nous ne sau-
rions plaire à tout le monde, si nous n'y mêlons l'utile... il
ne faut pas combattre opiniâtrément ceux qui pensent
ennoblir l'art en lui donnant pour objet de profiter aussi
bien que de plaire. » Et Corneille distingue « quatre sortes
d'utilité » qui peuvent se rencontrer dans le poème dramatique :

  1° Les sentences et instructions morales « qu'on y peut

semer presque partout ». Il est curieux de voir ce que Corneille pensait de ce style didactique et sentencieux dont on lui a tant reproché l'abus : c'est avec discrétion qu'il en recommande l'emploi ; mais il avoue « que tous ses poèmes demeureraient bien estropiés » si on en retranchait ce qu'il y a mêlé de maximes politiques et morales ; et, en blâmant l'excès de ces ornements ambitieux, il constate qu'ils étaient selon le goût du jour. Cette mode d'aligner des sentences avait paru, en effet, si brillante à nos pères, que les prédécesseurs de Corneille, quand ils imprimaient leurs pièces, attiraient volontiers sur les lieux communs de morale les yeux de leurs lecteurs par quelque disposition typographique particulière, italiques ou guillemets ; la passion des maximes était encore très vive au temps de notre poète ; on doit donc le féliciter de s'y être opposé dans une certaine mesure et d'avoir compris qu'il valait mieux, au point de vue dramatique, « faire dire à un acteur : *L'amour vous donne beaucoup d'inquiétudes*, que : *L'amour donne beaucoup d'inquiétudes aux esprits qu'il possède.* »

2° « La seconde utilité du poème dramatique, écrit Corneille, se rencontre en la naïve peinture des vices et des vertus, qui ne manque jamais à faire son effet quand elle est bien achevée et que les traits en sont si reconnaissables qu'on ne les peut confondre l'un dans l'autre, ni prendre le vice pour vertu. » Voilà un point capital dans la question des rapports de la morale et de l'art ; mais je laisse de côté, pour le moment, tout ce qui pourrait ressembler à un commentaire de ce passage de Corneille, parce que j'aurai à revenir d'une façon plus explicite et plus directe sur l'idée d'essentielle importance qui s'y trouve exprimée.

3° La troisième utilité consiste dans la punition des mauvaises actions et dans la récompense des bonnes.

Avec une grande raison, avec une haute intelligence des droits et de la liberté de la poésie, Corneille ajoute que ce n'est point là un précepte de l'art, mais « un usage dont chacun peut se départir à ses risques et périls », et même cet usage qui existait dès l'antiquité « n'a eu vogue, selon Aristote, que par l'imbécillité du jugement des spectateurs », qui veulent voir, au moins au théâtre, la justice régner et les hommes recevoir avec une équité rigoureuse le salaire dû à leurs mérites. Mais le poëte ne saurait être tenu d'observer cette exacte rétribution, puisque le spectacle du monde est loin de l'offrir constamment à ses yeux ; la vertu doit savoir se faire aimer toujours, quoique malheureuse ; le vice et le crime, bien que triomphants, doivent rester en tout cas un objet d'horreur.

4° La quatrième et dernière utilité consiste « en la purgation des passions par le moyen de la pitié et de la crainte ». Je n'ai garde de rien dire de cette *purgation* fameuse, de peur, en croyant interpréter Corneille, d'ajouter une vingt-neuvième ou trente-troisième explication aux vingt-huit ou trente-deux commentaires différents qu'on a déjà donnés de l'obscure et trop célèbre κάθαρσις d'Aristote.

En résumé, l'utilité morale dans le poëme dramatique est, aux yeux de Corneille, un bel accessoire, un surcroît d'excellence dont il faut remercier et louer hautement le poëte, mais dont on ne peut lui faire une loi au nom d'aucun principe ni d'aucune autorité ; il en est de cette utilité un peu comme de l'amour, dont le grave écrivain entendait faire l'ornement, mais non point l'âme de ses pièces.

2

A la différence de Corneille, mais à la ressemblance de Shakespeare, que d'ailleurs il ne connaissait pas, Molière n'avait guère de goût pour les dissertations et les théories littéraires. Content de faire œuvre de créateur, il dédaignait de faire en outre œuvre de professeur. L'observation fidèle de la nature, d'une part ; d'autre part et surtout, la déclaration que « la grande règle de toutes les règles est de plaire » et qu'« une pièce de théâtre qui a attrapé son but a suivi un bon chemin » ; en d'autres termes, la liberté réclamée pour l'artiste de s'y prendre comme il veut pourvu qu'il réussisse : c'est à ces deux principes fondamentaux que se réduit toute l'esthétique de Molière.

Une seule fois, le poète est sorti de sa réserve ou de son indifférence, et il a écrit *ex professo* une dissertation véritable ; mais, ce jour-là, il cédait à la force des choses, à l'impérieuse sollicitation des circonstances. Il s'agissait du *Tartufe*, enfin autorisé à paraître, et il fallait plaider devant des juges prévenus la cause de ce chef-d'œuvre si longtemps interdit et toujours contesté, comme dangereux pour la foi chrétienne et la morale publique. La tentation était forte ou, pour mieux dire, la nécessité était pressante de faire resservir en cette occasion tous les vieux lieux communs sur la vertu que possède la comédie pour reprendre et pour corriger les vices et les travers des hommes. Aucun auteur comique dans la situation de Molière n'y aurait résisté. Molière a donc développé, dans la préface du *Tartufe*, comme tout poète l'eût fait à sa place, la thèse de l'utilité morale de son art, disant, entre autres choses :

Si l'emploi de la comédie est de corriger les vices des hommes, je ne vois pas par quelle raison il y en aura de privilégiés. Celui-ci (l'hypocrisie) est, dans l'Etat, d'une conséquence bien plus dangereuse que tous les autres ; et nous avons vu que le théâtre a une grande vertu pour la correction. Les plus beaux traits d'une sérieuse morale sont moins puissants le plus souvent que ceux de la satire ; et rien ne reprend mieux la plupart des hommes que la peinture de leurs défauts.

Banalités peut-être judicieuses, mais faible réponse aux personnes austères qui, sans être le moins du monde suspectes du vice attaqué par Molière, sentaient la vraie dévotion atteinte par le ridicule qu'il avait jeté sur la fausse. L'entière innocence du *Tartufe* était particulièrement difficile à établir, et il faut d'ailleurs reconnaître, d'une manière générale, que les apologies du théâtre sont vaines et sans portée quand elles s'adressent à des adversaires fortement établis dans le point de vue chrétien ; car il n'y a point, entre les contradicteurs, de terrain commun pour la discussion, et Bossuet a bientôt fait de fermer la bouche aux bavards par un coup droit comme celui-ci : « La morale du théâtre n'attaque que le ridicule du monde en lui laissant cependant toute sa corruption. » Le pauvre Molière patauge un peu, avouons-le, lorsque, pour citer un précédent à la hardiesse qu'il a eue de mettre la religion sur la scène, il s'en va parler de l'origine religieuse de la comédie, des mystères de notre ancien théâtre et des « pièces saintes de Monsieur de Corneille ». On sent que l'écrivain n'est ni dans son élément naturel ni dans la vérité, et il convient, en effet, de regarder cette préface du *Tartufe* — où notre grand comique soutient occasionnellement la doctrine de l'enseignement des hommes par la comédie — comme une œuvre purement accidentelle, de circonstance et de nécessité, impuissante à prévaloir contre son principe fondamental de la liberté du poète, auquel il doit suffire de peindre la nature et de plaire au public par cette imitation.

Vers la fin de sa préface, écrite en 1669, l'auteur du *Tartufe* disait avec franchise et bon sens :

J'avoue qu'il y a des lieux qu'il vaut mieux fréquenter que le théâtre; et si l'on veut blâmer toutes les choses qui ne regardent pas directement Dieu et notre salut, il est certain que la comédie en doit être, et je ne trouve point mauvais qu'elle soit condamnée avec le reste. Mais supposé, comme il est vrai, que les exercices de la piété souffrent des intervalles et que les hommes aient besoin de divertissement, je soutiens qu'on ne leur en peut trouver un qui soit plus innocent que la comédie.

C'est la même idée que le jeune Racine avait développée, avec tant de malice et d'esprit, dans sa jolie *Lettre aux deux apologistes de l'auteur des* Hérésies imaginaires :

De me demander, comme vous faites, si je crois la comédie une chose sainte, si je la crois propre à faire mourir le vieil homme, je dirai que non; mais je vous dirai en même temps qu'il y a des choses qui ne sont pas saintes, et qui sont pourtant innocentes. Je vous demanderai si la chasse, la musique, le plaisir de faire des sabots et quelques autres plaisirs que vous ne vous refusez pas à vous-mêmes sont fort propres à faire mourir le vieil homme; s'il faut renoncer à tout ce qui divertit, s'il faut pleurer à toute heure.

Des quatre grands poètes du dix-septième siècle, Racine est, avec La Fontaine, le plus étranger à toute préoccupation didactique. Corneille a beau soutenir en principe que la poésie n'a point le devoir d'être utile, rien ne peut lui ôter à lui-même, par le fait, son grand caractère de poète édifiant et moralisateur, à tel point que la présence dans ses œuvres d'une doctrine aussi peu conforme à sa pratique fait presque l'effet d'une anomalie. Molière a beau disserter le moins possible en son nom personnel, ses comédies sont pleines de dissertations instructives et de très sages discours sur la différence entre la vraie et la fausse dévotion, sur le degré d'instruction qui convient aux femmes, sur la nécessité de « s'accommoder au plus grand nombre » et de

« prendre les hommes comme ils sont », sur l'excellence
de la mesure et de la modération en toutes choses. Racine,
lui, ne professe et ne prêche jamais, ni dans ses préfaces,
ni dans ses pièces. Il a toujours mis une préface et souvent
deux en tête de ses tragédies ; mais il ne s'y occupe que
de points de détail et de métier, — rapports de l'histoire
vraie avec sa mise en œuvre poétique, supériorité des
sujets simples sur les sujets compliqués et extraordinaires,
— sans sortir de l'examen particulier du poème qui
est en question, ou soutenant, pour toute doctrine générale, que «la principale règle est de plaire et de toucher (1)».

Il est bien vrai que, dans la préface de *Phèdre*, Racine
change de thèse et de ton complètement :

Je n'ai point fait de pièce où la vertu soit plus mise au
jour que dans celle-ci. Les moindres fautes y sont sévère-
ment punies. La seule pensée du crime y est regardée avec
autant d'horreur que le crime même.Les faiblesses de l'amour
y passent pour de vraies faiblesses; les passions n'y sont
présentées aux yeux que pour montrer tout le désordre dont
elles sont cause; et le vice y est peint partout avec des couleurs qui en font connaître et haïr la difformité. *C'est là proprement le but que tout homme qui travaille pour le public doit
se proposer*; et c'est ce que les premiers poètes tragiques
avaient en vue sur toute chose. Leur théâtre *était une école*
où la vertu n'était pas moins bien enseignée que dans les
écoles des philosophes. Aussi Aristote a bien voulu donner
des règles du poème dramatique; et Socrate, le plus sage
des philosophes, ne dédaignait pas de mettre la main aux
tragédies d'Euripide. Il serait à souhaiter que nos ouvrages
fussent aussi solides et aussi pleins d'utiles instructions que
ceux de ces poètes. Ce serait peut-être un moyen de réconcilier la tragédie avec quantité de personnes, célèbres par
leur piété et par leur doctrine, qui l'ont condamnée dans ces
derniers temps, et qui en jugeraient sans doute plus favora-

(1) Préface de *Bérénice*.

blement si les auteurs songeaient autant à *instruire* leurs
spectateurs qu'à les divertir, et s'ils suivaient en cela *la véritable intention de la tragédie.*

Mais ce changement total de point de vue était la conséquence de la conversion de Racine, conversion qui devait
logiquement conduire un poète d'une telle sensibilité à renoncer au théâtre avec horreur et à le regarder des mêmes
yeux que ces jansénistes sévères qu'il avait si agréablement
raillés dans sa jeunesse.

Il y a trois phases dans la conversion de Racine :
d'abord, lorsqu'il écrivit la tragédie de *Phèdre,* un combat
se livrait dans son propre cœur entre le péché et Dieu, et
cette crise intime du grand poète peut servir à expliquer
ce qu'il y a d'extraordinairement pathétique dans l'analyse profonde qu'il fit alors, mais qu'il fit sans théorie
préméditée, d'une âme qui succombe au mal en le maudis-
sant. Puis, sa tragédie terminée, l'auteur constate avec
satisfaction, avec surprise peut-être, qu'elle constitue un
spectacle moral, édifiant même, propre à réconcilier le
théâtre avec ses adversaires chrétiens, et il put caresser
un moment la séduisante idée de continuer son œuvre de
poète profane en la sanctifiant par l'esprit du christianisme
Mais bientôt Dieu — qui ne souffre point de partage —
l'emporte tout entier ; Racine renonce au théâtre absolument,
et, douze ans après, la préface d'*Esther,* pièce écrite pour
l'usage d'une maison d'éducation et de piété, nous montre
le poète subordonnant, avec une soumission parfaite, l'art
et la poésie aux intérêts sacrés de l'instruction chrétienne
et du salut des âmes.

Il n'en demeure pas moins que la série entière des
tragédies profanes de Racine, jusqu'à *Phèdre* inclusive-
ment, a été conçue en dehors de toute préoccupation
didactique et morale.

3

La Fontaine, dans un genre encore plus didactique par définition que le théâtre, se distingue entre tous les fabulistes et l'emporte sur les autres grands poètes de son temps par une absence de dogmatisme si absolument complète qu'elle va jusqu'à une vraie indifférence d'artiste pour l'enseignement moral qu'il est censé donner. Lorsqu'on cherche en quoi consiste le trait essentiel de l'originalité de La Fontaine, on le trouve tout d'abord dans cette vive et charmante imagination, tantôt amusée, tantôt attendrie, toujours intéressée par le récit pour le récit lui-même, et dans cette grâce de nonchalance apparente, — qui est le comble de l'art, — avec laquelle il escamote la leçon dans l'ample manteau de la poésie.

Boileau ne peut évidemment pas être rangé parmi les partisans de ce que j'ai appelé *l'art pour l'art* au dix-septième siècle, pour employer une formule fameuse et retentissante, dont on ne peut guère se passer, mais qui risque, entre des mains imprudentes, de rester vide de sens, pleine de malentendus dangereux, et dont on fera toujours mieux de se servir le moins possible. Boileau professe, en effet, la doctrine de *l'art utile* dans quelques vers célèbres :

> Auteurs, prêtez l'oreille à mes instructions.
> Voulez-vous faire aimer vos riches fictions ?
> Qu'en savantes leçons votre muse fertile
> Partout joigne au plaisant le solide et l'utile.
> Un lecteur sage fuit un vain amusement
> Et sait mettre à profit son divertissement (1).

On pourrait objecter, il est vrai, que Boileau ici paraphrase Horace, et que, cet excellent esprit n'étant

(1) *Art poétique*, chant IV.

ni un poète créateur ni un philosophe original, ses réflexions sur les choses de l'art et de la poésie n'ont pas d'autre valeur que les notes d'un lettré dont l'heureuse mémoire est ornée de tous les beaux lieux communs de l'antiquité classique. Mais le IVe chant de l'*Art poétique* est loin d'être insignifiant, quoi qu'on en puisse dire ; rien ne nous sera plus utile, pour la conclusion de toute notre étude, que les hautes et fortes vérités que Boileau y proclame avec une éloquence parfois admirable. J'aime donc mieux reconnaître que ce très éminent et intéressant personnage a eu sa façon de penser, — neuve un jour et profonde, — à une époque dont on exagère l'unité intellectuelle et morale. La diversité des idées a été plus grande qu'on ne croit en ce siècle de raison et d'ordre, d'un législateur à l'autre de notre poésie classique, entre Malherbe, d'une part, disant avec cynisme qu' « un bon poète n'est pas plus utile à l'Etat qu'un bon joueur de quilles », et Boileau, d'autre part, cherchant à inspirer au poète un sentiment élevé de sa dignité d'homme de lettres et de sa responsabilité d'auteur.

Cependant le dix-septième siècle demeure, à tout prendre, et à travers les nuances diverses d'opinions, les réserves, les hésitations ou les contradictions de ses grands poètes, le siècle de l'art pur, de l'art cultivé pour lui-même et non pas employé comme instrument au service de quelque grande cause, fût-ce la plus noble et la plus sainte. Ce caractère de désintéressement pratique lui a toujours été reconnu d'un commun accord par la critique contemporaine, et a constamment servi à le définir dans une des principales différences qu'il offre avec le siècle suivant. Déjà, dans la préface de *Corneille et son temps*, Guizot marquait avec force ce trait distinctif :

C'est le caractère du dix-septième siècle que les lettres y ont été cultivées pour elles-mêmes, non comme un instrument de propagation pour certains systèmes et de succès pour certains desseins. Corneille, Racine et Boileau, même Molière et La Fontaine, avaient, sur les grandes questions de l'ordre moral, ou des croyances très arrêtées ou des tendances très marquées; Pascal et La Bruyère, Bossuet et Fénelon ont fait de la philosophie et de la polémique, autant qu'à aucune autre époque en ont pu faire nuls autres écrivains. Mais, dans leur activité littéraire, ces grands hommes n'avaient point d'autre préoccupation que le beau et le vrai, et ne s'inquiétaient que de le bien peindre pour le faire admirer... Non seulement c'est là le grand côté de la littérature du dix-septième siècle, mais c'est par là que le dix-septième siècle a été un siècle essentiellement et supérieurement littéraire. Les muses, pour parler le langage classique, sont des divinités jalouses; elles veulent régner et non servir, être adorées et non employées...

M. Brunetière — pour produire une autorité plus nouvelle — ne pense pas, sur ce point, autrement que Guizot :

Tandis que le dix-septième siècle, le plus désintéressé, le moins charlatan, si je puis ainsi dire, des grands siècles littéraires, ne se soucie dans l'art que de l'art, et de ce qu'il apporte de complément à la culture de l'esprit, le dix-huitième siècle, au contraire, ne le traite plus que comme un instrument de propagande et cherche le moyen de déposer, jusque dans la peinture, des intentions de réforme politique et des germes de progrès social (1).

Citons enfin un docteur ès-lettres qu'une remarquable thèse a fait brillamment entrer dans la carrière de la critique littéraire, M. Emile Krantz (2) :

(1) *Revue des Deux Mondes* du 15 septembre 1882.
(2) *L'Esthétique de Descartes*, p. 262.

L'abstention du dix-septième siècle (en matière de morale pratique) est caractéristique... Ceux mêmes qu'on a appelés les moralistes, comme La Rochefoucauld et La Bruyère, ne sont, à vrai dire, que des psychologues : ils étudient l'homme, l'expliquent et le décrivent, mais ils ne se mêlent point de le diriger. Ils le prennent tel qu'il est, et l'observent ainsi avec une curiosité merveilleusement pénétrante ; mais ils ne cherchent point à se le représenter tel qu'il devrait ou voudrait être. Il n'y a pas dans leurs livres un idéal humain vers lequel ils se piquent de conduire leur génération : ils ne proposent rien de nouveau à l'homme que son propre portrait, qui au fond est éternellement le même, mais qu'ils rendent nouveau par l'art de la forme. Aussi ce sont bien des artistes, en ce sens qu'ils vivent dans une sphère supérieure à la vie pratique : ils ne prêchent aucune doctrine politique ou sociale, ils ne font point de leur théâtre une tribune ni de leur philosophie un instrument de révolution. Ils s'enchantent par de belles formes, qu'ils ont le plaisir esthétique de concevoir et la gloire de créer.

4

Le dix-huitième siècle, — et c'est par là surtout qu'il est, comme on l'a dit si souvent, un siècle de prose et d'action, à la différence du grand siècle de contemplation et de poésie qui l'avait précédé, — le dix-huitième siècle voit dans l'art un instrument de civilisation, de progrès, et il s'en sert résolument à cette fin, comme un brave ouvrier empoigne son outil ou un combattant son épée. Rien de plus connu que le caractère actif et pratique du siècle de la Révolution.

Ce qu'on n'a peut-être pas assez dit, c'est que cet esprit n'avait rien de nouveau, puisqu'au moyen âge il est uni_ versel, très commun encore à l'époque de la Renaissance, et que l'on continue à le rencontrer dans tout le cours du dix-septième siècle lui-même, sinon comme l'habitude la plus usuelle de la pensée, au moins comme une exception des moins rares.

La poésie du moyen âge est essentiellement didactique ; l'intention d'enseigner ou d'édifier se glisse alors partout, et elle s'affiche dans les satires, dans les grands romans allégoriques ainsi que dans les pièces de théâtre, où les *moralités* proprement dites constituent un genre considérable et où les farces même se qualifient volontiers de *morales* et de *profitables*.

La Renaissance a beau rompre avec le moyen âge, elle continue ici une tradition esthétique trop conforme à la nature de l'esprit français pour avoir subi l'effet de la révolution des idées sur tous les autres points. Ronsard écrit dans la préface de la *Franciade* : « La tragédie et la comédie sont du tout (absolument) didascaliques et enseignantes ; il faut qu'en peu de paroles elles enseignent beaucoup. » Du Bellay recommande, même au poète lyrique, l'ornement des « graves sentences ». Une tragédie du temps a pour sous-titre : « Où l'on verra les tristes effets de l'orgueil et de la désobéissance » ; une autre se qualifie de : « Sermon joyeux et de grande valeur pour tous les fols qui sont dessous la nue pour leur montrer à sages devenir. » Le poète le plus distingué de l'école de Garnier, Antoine de Montchrestien, parlant, dans une épître au prince de Condé, des personnages dramatiques en général, écrit : « Leur vie et leur mort est comme une école ouverte à tous venants, où l'on apprend à mespriser les choses grandes de ce monde, seule et divine grandeur de l'esprit humain, et à tenir droite la raison parmi les flots et tempestes de la vie. »

Un critique excellent, qui a fait une étude spéciale de *la Tragédie française au seizième siècle*, remarque la continuité de la tradition française dans cette façon de comprendre l'art dramatique, la ressemblance à cet égard des poètes du dix-huitième siècle avec ceux du seizième, et l'éclatante singularité des exceptions illustres (rares d'ailleurs et incomplètes) que le dix-septième siècle nous fait voir :

Il ne faut pas croire, écrit M. Faguet, que Voltaire soit l'inventeur de cette théorie de la tragédie destinée à remplacer le sermon, que Marmontel et Diderot ont si vivement soutenue... Tous ceux qui ont écrit de l'art dramatique au seizième siècle sont très soucieux de l'instruction morale qui doit sortir de l'œuvre dramatique. *Cette préoccupation est chez nous universelle...* Il nous faut, dans une comédie un peu sérieuse, qu'au milieu des sottises dites ou faites par les autres personnages, il y en ait un qui représente le bon sens et parle la langue de la raison. Dans la tragédie, c'est d'ordinaire les confidents qui ont cet office et qui, au milieu des passions déchaînées, marquent la ligne du juste et du bien... De ce goût d'enseignement moral sont venus deux caractères de notre tragédie, son caractère sentencieux et son caractère oratoire... D'autres ont mis dans la tragédie des effusions lyriques ou de magnifiques récits, parce qu'ils aiment voir l'homme chanter, prier, raconter et décrire, et sont passionnés pour la poésie pure ; d'autres y ont mis des transports de passion et de sensibilité ardente, parce qu'ils aiment voir l'homme vivre d'une vie véhémente et fougueuse, et sont curieux de réalité prise sur le vif : nous y avons mis des réflexions, des leçons de morale, des discours bien conduits, parce que nous aimons voir l'homme penser, raisonner, déduire, et que nous sommes amoureux des idées claires...

Un bel instrument oratoire, très commode et très puissant, au service d'idées générales tournant facilement au lieu commun, c'est une définition qui convient fort bien à la tragédie du seizième siècle et assez bien à la tragédie de Voltaire. Le drame français, du seizième siècle au dix-septième, a fait un long chemin par lequel, insensiblement, il est revenu assez près de son point de départ, après avoir heureusement rencontré sur sa route deux hommes de génie, qui l'ont un instant transformé, agrandi et doué d'une autre âme.

On a un peu exagéré, dans le théâtre de Voltaire, le souci de prédication philosophique, ou du moins on n'a pas assez distingué, à cet égard, entre ses œuvres dramatiques si nombreuses et de valeur si inégale (1).

Quand Jocaste, pour rassurer Œdipe effrayé par les paroles d'un grand prêtre, prononçait ce distique fameux :

> Les prêtres ne sont point ce qu'un vain peuple pense,
> Notre crédulité fait toute leur science,

il était absolument inévitable que la malignité publique interprétât ces deux vers comme une profession d'esprit fort et de libre pensée, et il y a trop lieu de croire, d'ailleurs, que Voltaire, le premier, y avait mis toute sa malice. Cependant, en elle-même, une semblable sentence n'était pas aussi contraire qu'on le suppose aux caractères et aux sentiments antiques, puisque Jocaste ose dire dans la tragédie grecque : « Laisse là tes inquiétudes et sache qu'aucun mortel ne possède l'art de la divination », puisque le chœur lui-même, organe de la sagesse, ose douter, non seulement chez Euripide, mais chez Sophocle, « qu'un devin en sache plus que les autres hommes ».

Il y a moins de vérité dramatique et, par conséquent, il y a plus de leçon philosophique préméditée dans cette réflexion, assez inattendue, que l'auteur de *Zaïre* a placée sur les lèvres d'une jeune fille élevée dans un harem :

> J'eusse été près du Gange esclave des faux dieux,
> Chrétienne dans Paris, musulmane en ces lieux.

(1) Voy. sur cette distinction de justes remarques de M. Brunetière, *Histoire et littérature*, t. III.

Mais remarquons que cette même pièce renferme la plus belle page du théâtre de Voltaire, la plainte célèbre du pieux Lusignan apprenant que sa fille est musulmane, et que cette page vraiment pathétique est d'inspiration toute chrétienne. Voltaire, quoi qu'on en ait dit, est donc quelquefois poète avant d'être philosophe, puisqu'il lui arrive d'oublier, de trahir le rôle qu'on lui attribue trop absolument de professeur d'incrédulité, quand le sujet de son drame le porte à développer poétiquement un ordre de sentiments et de pensées contraires à sa thèse favorite.

En dehors des pièces de pure polémique, dont la plupart d'ailleurs n'étaient point destinées à la représentation, il n'y a guère que la tragédie de *Mahomet* où l'intention de propagande philosophique soit constamment et nettement accusée. Mais ce que Voltaire, parce qu'il était poète, n'a pas toujours fait, il a eu, comme philosophe, le dessein de le faire, et, d'une façon générale, il a tenu le théâtre pour la grande école du peuple.

C'est au théâtre seul que la nation se rassemble, écrit-il dans l'épître dédicatoire de *Tancrède*; c'est là que l'esprit et le goût de la jeunesse se forment : les étrangers y viennent apprendre notre langue; nulle mauvaise maxime n'y est tolérée, et nul sentiment estimable n'y est débité sans être applaudi; c'est une école toujours subsistante de poésie et de vertu.

Et, dans l'épître dédicatoire de *l'Orphelin de la Chine :*

Les aventures les plus intéressantes ne sont rien quand elles ne peignent pas les mœurs; et cette peinture, qui est un des plus grands secrets de l'art, n'est encore qu'un amusement frivole quand elle n'inspire pas la vertu. J'ose dire que depuis *la Henriade* jusqu'à *Zaïre*, et jusqu'à cette pièce chinoise, bonne ou mauvaise, tel a été toujours le principe qui m'a inspiré.

A la fin d'une dissertation sur la tragédie ancienne et moderne, composée à propos de *Sémiramis* et dédiée « à son Eminence monseigneur le cardinal Quirini», Voltaire écrit avec habileté et non sans éloquence :

Enfin, monseigneur, c'est uniquement parce que cet ouvrage respire la morale la plus pure, et même la plus sévère, que je le présente à Votre Eminence. La véritable tragédie est l'école de la vertu ; et la seule différence qui soit entre le théâtre épuré et les livres de morale, c'est que l'instruction se trouve dans la tragédie toute en action, c'est qu'elle y est intéressante, et qu'elle se montre relevée des charmes d'un art qui ne fut inventé autrefois que pour instruire la terre et pour bénir le ciel, et qui par cette raison fut appelé le langage des dieux.

C'est dans le discours préliminaire d'*Alzire* que se trouvent les plus belles et les plus explicites déclarations de Voltaire sur le rôle civilisateur de la poésie dramatique. Après avoir dit, dans son épître dédicatoire à Mme la marquise du Châtelet : « Nous sommes au temps où il faut qu'un poète soit philosophe », il ajoute, avec noblesse et une réelle chaleur d'âme, dans le discours préliminaire :

On a tâché dans cette tragédie, toute d'invention et d'une espèce assez neuve, de faire voir combien le véritable esprit de religion l'emporte sur les vertus de la nature. La religion d'un barbare consiste à offrir à ses dieux le sang de ses ennemis. Un chrétien mal instruit n'est souvent guère plus juste. Être fidèle à quelques pratiques inutiles et infidèle aux vrais devoirs de l'homme ; faire certaines prières et garder ses vices ; jeûner, mais haïr ; cabaler, persécuter, voilà sa religion. Celle du chrétien véritable est de regarder tous les hommes comme ses frères, de leur faire du bien et de leur pardonner le mal. Tel est Gusman au moment de sa mort ; tel Alvarez dans le cours de sa vie; tel j'ai peint Henri IV, même au milieu de ses faiblesses. *On trouvera dans* presque tous mes écrits cette humanité qui doit être le premier caractère d'un être pensant; on y verra (si j'ose m'exprimer ainsi) le désir du bonheur des hommes, l'horreur de l'injustice et de l'oppression; et c'est cela seul qui a jusqu'ici tiré mes ouvrages de l'obscurité où leurs défauts devaient les ensevelir.

Dans les meilleures tragédies de Voltaire, la prédication morale se réduit en somme à quelques sentences brillantes et fortes, à la façon de Corneille et des tragiques du seizième siècle :

> Les mortels sont égaux : ce n'est point la naissance,
> C'est la seule vertu qui fait leur différence...
> Si l'homme est créé libre, il doit se gouverner...
> Qui sert bien son pays n'a pas besoin d'aïeux...
> Que chacun dans sa loi cherche en paix la lumière...

Il ne serait pas moins puéril de condamner ces formules excellentes, nullement contraires, tant qu'on n'en abuse pas, à la nature de la poésie dramatique, que d'y voir l'objet principal du poète, avec certains moralistes honnêtes mais étroits, tels que le bon empereur Marc-Aurèle, qui nous a laissé, sur l'art de Sophocle et d'Euripide, un vrai jugement de faiseur de maximes, amusant par sa naïveté : « Il est vrai, écrit ce sage, que les poètes dramatiques disent parfois de bonnes choses, par exemple : *Si les dieux ne prennent aucun soin de mes enfants, cela même ne se fait pas sans raison. Et encore : Il ne faut point se fâcher contre les choses, car cela ne leur fait rien du tout. Et : Il faut que notre vie soit moissonnée comme le sont les épis*, et autres pensées semblables. »

5

La thèse de l'art utile et du théâtre philosophique devait trouver naturellement chez Diderot, le fougueux apôtre,

un défenseur moins sensé et moins mesuré que Voltaire.
On connaissait déjà les passages suivants de son *Traité de
la poésie dramatique* :

Quelquefois j'ai pensé qu'on discuterait au théâtre les
points de morale les plus importants, et cela sans nuire à
la marche violente et rapide de l'action dramatique... C'est
ainsi qu'un poète agiterait la question du suicide, de l'honneur, du duel, de la fortune, des dignités, et cent autres. Nos
poèmes en prendraient une gravité qu'ils n'ont pas...

Tout peuple a des préjugés à détruire, des vices à poursuivre, des ridicules à décrier, et a besoin de spectacles...
Quel moyen si le gouvernement en sait user !

Cette singulière idée d'un art dramatique d'Etat a été
reprise par Diderot, de la façon la plus paradoxale, dans
un Mémoire inédit adressé à l'impératrice Catherine II,
que M. Maurice Tourneux a retrouvé en Russie et publié
sous ce titre : *la Politique de Diderot*.

Il faut que le souverain tienne le prêtre dans une de ses
manches, et l'homme de lettres, mais surtout le poète dramatique, dans l'autre. Ce sont deux prédicateurs qui doivent
être à ses ordres, l'un pour ne dire que ce qu'il voudra,
l'autre pour dire ce qu'il voudra.

Désigner au poète tragique les vertus nationales à prêcher.

Désigner au poète comique les ridicules nationaux à
peindre.

Ce n'est pas dans l'asile de la contrainte, du respect, de
l'ennui, du solennel, du sérieux, que les hommes s'instrui-
sent... Qui est-ce qui sait un mot des petits papiers philosophiques de Voltaire ? Personne ; mais les tirades de *Zaïre*,
d'*Alzire*, de *Mahomet*, etc., sont dans la bouche de toutes les
conditions, depuis les plus relevées jusqu'aux plus subal-
ternes....

Si Votre Majesté appelle une fois ou deux votre médiocre Soumarokoff, si elle lui donne le sujet de son poème,
peut-être en fera-t-elle un homme. S'il reste ce qu'il est,

cette faveur éveillera un homme de génie qui prêchera et
prêchera fortement son évangile. C'est le parti que Mécène
tirait des beaux esprits de son temps, de Varius, d'Horace
et de Virgile, ses sarbacanes.

Toute la querelle que J.-J. Rousseau fait aux spectacles,
dans sa grande *Lettre à M. d'Alembert*, est fondée sur
cette pétition de principe, que le théâtre doit servir à instruire et à édifier le peuple ; mais, comme on l'a justement
remarqué (1), l'éloquence passionnée que Rousseau déploie
au service de cette thèse du théâtre éducateur contribue
mieux que les meilleurs arguments du parti adverse à la
démonstration du principe contraire : que le théâtre est
une chose, que la morale en est une autre, et qu'on a tort
de vouloir les unir dans un rapport étroit de dépendance.

Voltaire, Diderot, Rousseau représentent suffisamment
la pensée du dix-huitième siècle dans la question qui
nous occupe, et je n'ai pas besoin d'appeler en témoignage
Marmontel et les autres critiques d'ordre secondaire ; mais
je veux citer encore le grand poète italien Alfieri, à cause
du caractère singulièrement élevé de son inspiration dramatique et parce qu'il est, comme poète, de la race d'Eschyle et de Corneille : « J'ai la ferme conviction, écrivait-il
à la fin du dix-huitième siècle, que les hommes doivent apprendre au théâtre à être libres, vaillants, généreux, enthousiastes de la véritable vertu, impatients de
toute violence, passionnés pour leur patrie, éclairés sur
leurs droits, enfin, dans toutes leurs passions, pleins
d'énergie, de droiture et de grandeur d'âme. »

Il serait peu nouveau de montrer ce que la Révolution française et le premier Empire ont pensé de la fonc-

(1) DESCHANEL, *le Théâtre de Voltaire*, p. 364.

tion du poète, des droits et des devoirs de l'art. Il est trop évident que, dans la grande crise de la fin du dix-huitième siècle, il n'y a eu en France ni moment ni place pour la méditation désintéressée de l'artiste, non plus que pour celle du philosophe, et l'on sait assez que Napoléon, qui n'imaginait pas pour Corneille de plus haute récompense que de lui donner, s'il avait vécu de son temps, une de ses provinces à gouverner, ne se figurait pas non plus la littérature autrement que comme un instrument de règne.

Arrivons sans transition à l'époque moderne et contemporaine : nous allons voir une intéressante diversité d'opinions partager les purs *littérateurs* dans la question de l'art pour l'art ou de l'art utile, tandis que les *philosophes* de profession, en Allemagne, en France, en Angleterre, — dont nous parlerons en troisième lieu, — ont soutenu le principe de l'indépendance absolue de l'art assez généralement, pour qu'on puisse voir dans cette doctrine si répandue en philosophie une sorte d'orthodoxie, et dans celle de leurs contradicteurs, plus rares, quelque chose comme une hérésie esthétique : hérésie fort instructive d'ailleurs, pleine d'idées fécondes et de vues justes, et qui nous fournira les éléments d'une conclusion où nous essaierons de tout concilier.

II

POÈTES ET CRITIQUES DU DIX-NEUVIÈME SIÈCLE

6

A qui revient l'honneur ou la responsabilité d'avoir lancé le premier dans le monde ce mot d'ordre et ce cri de guerre : *l'art pour l'art ?*

Dans son *William Shakespeare*, publié en 1864, Victor Hugo écrit : « Un jour, il y a trente-cinq ans, dans une discussion entre critiques et poètes sur les tragédies de Voltaire, l'auteur de ce livre jeta une interruption : — Cette tragédie-là n'est point de la tragédie. Ce ne sont pas des hommes qui vivent, ce sont des sentences qui parlent. Plutôt cent fois l'art pour l'art ! — Cette parole détournée, involontairement sans doute, de son vrai sens, pour les besoins de la polémique, a pris plus tard, à ma grande surprise, les proportions d'une formule. » A en croire Victor Hugo, ce serait donc lui qui aurait, innocemment d'ailleurs, fait un sort à la trop fameuse devise, et sa fortune daterait de 1829. Mais, dans les questions de priorité, la parole de Victor Hugo, il faut bien le dire, est sujette à caution ; son naïf orgueil le portait à s'adjuger en toute chose une part léonine.

Le fait est que, dès 1818, nous trouvons la formule de

« l'art pour l'art » dans la bouche éloquente de Victor Cousin. « L'art, déclarait nettement le jeune professeur de philosophie, n'est pas plus au service de la religion et de la morale qu'au service de l'agréable et de l'utile... Il faut de la religion pour la religion, de la morale pour la morale, et de l'art pour l'art. Le bien et le saint ne peuvent être la route de l'utile ni même du beau, de même que le beau ne peut être la voie ni de l'utile, ni du bien, ni du saint ; il ne conduit qu'à lui-même. »

Quoi qu'il en soit du moment précis où la formule a fait son entrée dans le monde, et de son véritable introducteur, Victor Hugo, s'il s'en attribuait l'invention, n'acceptait point la responsabilité du sens abusif qu'on lui a donné trop souvent ; et en cela il avait bien raison, car la doctrine de l'art pour l'art n'est pas du tout la sienne.

On a pu s'y tromper, par suite de la richesse même et de la prodigieuse variété d'une œuvre poétique où, à côté des morceaux les plus graves, il s'en trouve beaucoup d'autres que le grand artiste semble n'avoir écrits que pour se faire la main. Dans la plupart des *Orientales*, par exemple, et des *Chansons des rues et des bois*, l'exécution est plus admirable que le motif n'est intéressant ; jusqu'à la fin de sa vie nous avons vu le maître écrivain s'entretenir dans la technique de son art, comme un virtuose rompant ses doigts à des exercices sans importance ou comme un peintre faisant curieusement sa provision de couleurs et de formes.

Regretter dans l'immense production poétique de Victor Hugo la présence d'un nombre considérable d'œuvres de pur métier, serait une absurdité non moins forte que si l'on venait dire dans l'atelier de Rubens ou d'Eugène Delacroix : « Quel dommage qu'il y ait tant de simples études mêlées à tant de chefs-d'œuvre ! »

La vérité est que Victor Hugo a presque continuellement prêché la doctrine de l'art utile et grave. C'est à peine si, dans la préface des *Orientales*, il semble une fois donner des gages à la doctrine contraire en laissant échapper quelques expressions d'où l'on s'est un peu trop hâté de conclure que l'art pour l'art, un jour au moins, a eu ses sympathies (1). Dès 1822, il avait écrit, dans la préface de la seconde édition des *Odes :* « Convaincu que tout écrivain, dans quelque sphère que s'exerce son esprit, doit avoir pour objet principal d'être utile, et espérant qu'une intention honorable lui ferait pardonner la témérité de ses essais, l'auteur a tenté de solenniser quelques-uns des principaux souvenirs de notre époque qui peuvent être des leçons pour les sociétés futures. Il a adopté, pour consacrer ces événements, la forme de l'ode, parce que c'était sous cette forme que les inspirations des premiers poètes apparaissaient jadis aux premiers peuples. »

N'est-il pas amusant de voir, dès 1822, c'est-à-dire à l'âge de vingt ans, Victor Hugo affecter une ressemblance avec l'antique Orphée ? L'ambition d'être un pasteur de peuples ne l'a plus quitté depuis lors, et c'est cette idée fixe qui donne à la plupart des préfaces de ses poésies lyriques leur tour prétentieux et solennel. Même préoccupation dans les préfaces de ses drames, avec cette différence avantageuse que le théâtre, à dater du temps d'Eschyle et de Platon, n'ayant guère cessé d'être présenté comme l'école du peuple, la thèse soutenue par le poète y paraît plus naturelle, plus acceptable, et son éloquence plus grave et plus forte.

(1) « Que le poète aille où il veut en faisant ce qui lui plaît : c'est la loi. Qu'il croie en Dieu ou aux dieux, à Pluton ou à Satan, à Canidie ou à Morgane, ou à rien... que sa muse se drape de la colocasia ou s'ajuste la cotte-hardie : c'est à merveille. Le poète est libre. »

La noblesse de la poésie et du langage ne manque point à cette profession de foi que nous lisons dans la préface d'*Angelo* :

On ne saurait trop le redire : pour quiconque a médité sur les besoins de la société, auxquels doivent toujours correspondre les tentatives de l'art, aujourd'hui plus que jamais le théâtre est un lieu d'enseignement. Le drame comme l'auteur de cet ouvrage le voudrait faire, et comme le pourrait faire un homme de génie, doit donner à la foule une philosophie, aux idées une formule, à la poésie des muscles, du sang et de la vie, à ceux qui pensent une explication désintéressée, aux âmes altérées un breuvage, aux plaies secrètes un baume, à chacun un conseil, à tous une loi... Pour être complet, il faut que le drame ait aussi la volonté d'enseigner, en même temps qu'il a la volonté de plaire. Laissez-vous charmer par le drame, mais que la leçon soit dedans et qu'on puisse toujours l'y retrouver quand on voudra disséquer cette belle chose vivante... Dans le beau drame, il doit toujours y avoir une idée sévère, comme, dans la plus belle femme, il y a un squelette.

La préface de *Lucrèce Borgia* est plus éloquente encore :

L'auteur de ce drame sait combien c'est une grande et sérieuse chose que le théâtre. Il sait que le drame, sans sortir des limites impartiales de l'art, a une mission nationale, une mission sociale, une mission humaine. Quand il voit chaque soir ce peuple si intelligent et si avancé, qui a fait de Paris la cité centrale du progrès, s'entasser en foule devant un rideau que sa pensée à lui, chétif poète, va soulever le moment d'après, il sent combien il est peu de chose, lui, devant tant d'attente et de curiosité ; il sent que, si son talent n'est rien, il faut que sa probité soit tout ; il s'interroge avec sévérité et recueillement sur la portée philosophique de son œuvre, car il se sait responsable et il ne veut pas que cette foule puisse lui demander compte un jour de ce qu'il lui aura enseigné. Le poète aussi a charge d'âmes.

Il ne faut pas que la multitude sorte du théâtre sans emporter avec elle quelque moralité austère et profonde. Aussi espère-t-il bien, Dieu aidant, ne développer jamais sur la scène (du moins tant que dureront les temps sérieux où nous sommes) que des choses pleines de leçons et de conseils.

Le *William Shakespeare* de Victor Hugo, livre très vide et très plein, vide de l'essentiel qu'on y cherche, plein d'une foule d'idées accessoires sur les questions les plus diverses, — véritable capharnaüm où il est parlé de tout, excepté de Shakespeare, — est, de tous les ouvrages du poète, celui où il a protesté de la façon la plus nette, ingénieuse et brillante, contre la doctrine de l'art pour l'art :

L'art pour l'art peut être beau ; mais l'art pour le progrès est plus beau encore... Quelques purs amants de l'art, émus d'une préoccupation qui, du reste, a sa dignité et sa noblesse, écartent cette formule : *l'art pour le progrès*, le beau utile, craignant que l'utile ne déforme le beau... L'utile, loin de circonscrire le sublime, le grandit... Quoi ! l'art décroîtrait pour s'être élargi ? Non. Un service de plus, c'est une beauté de plus... Que pense Eschyle de l'art pour l'art ?...

Oui, l'art, c'est l'azur, mais l'azur du haut duquel tombe le rayon qui gonfle le blé, jaunit le maïs, arrondit la pomme, dore l'orange, sucre le raisin... L'aurore est-elle moins magnifique, a-t-elle moins de pourpre et moins d'émeraude, subit-elle une décroissance quelconque de majesté, de grâce et d'éblouissement, parce que, prévoyant la soif d'une mouche, elle sécrète soigneusement dans la fleur la goutte de rosée dont a besoin l'abeille ?...

Montre-moi ton pied, génie, et voyons si tu as, comme moi, au talon, de la poussière terrestre. Si tu n'as pas de cette poussière, si tu n'as jamais marché dans mon sentier, tu ne me connais pas et je ne te connais pas. Va-t'en.

... L'amphore qui refuse d'aller à la fontaine mérite la huée des cruches.

7

Un des disciples de Victor Hugo, Théophile Gautier, infidèle sur ce point à la doctrine du maître, a défendu le principe de l'art pour l'art dans un plaidoyer tapageur qui eut, de son temps, un grand succès de paradoxe et de scandale, mais dont il est devenu difficile de soutenir aujourd'hui la lecture jusqu'au bout.

Le caractère de la préface de *Mademoiselle de Maupin*, comme de la plupart des choses que Théophile Gautier a écrites, c'est d'être presque absolument vide de pensée et, par suite, insupportable à la longue ; car on se lasse vite des mérites de la forme quand la forme ne recouvre rien d'intéressant pour l'esprit. Le relief plastique, qui est la principale beauté du style de cet écrivain, en prose comme en vers, devient de la grosse caricature dans la préface de *Mademoiselle de Maupin*, et la finesse manque trop à ses lourdes plaisanteries. Voici ce qu'on en peut détacher de meilleur :

Rien de ce qui est beau n'est indispensable à la vie. On supprimerait les fleurs, le monde n'en souffrirait pas matériellement : qui voudrait cependant qu'il n'y eût plus de fleurs ? Je renoncerais plutôt aux pommes de terre qu'aux roses, et je crois qu'il n'y a qu'un utilitaire au monde capable d'arracher une plate-bande de tulipes pour y planter des choux. A quoi sert la beauté des femmes ?... A quoi bon la musique ? A quoi bon la peinture ? Qui aurait la folie de préférer Mozart à M. Carrel, et Michel-Ange à l'inventeur de la moutarde blanche ? Il n'y a de vraiment beau que ce qui ne peut servir à rien ; tout ce qui est utile est laid, car c'est l'expression de quelque besoin, et ceux de l'homme sont ignobles et dégoûtants, comme sa pauvre et infirme nature. L'endroit le plus utile d'une maison, ce sont les latrines.

Citons encore deux courts passages pour montrer la

façon dont Théophile Gautier plaisante, et la façon dont il raisonne. Voici une de ses plaisanteries :

> Un roman a deux utilités : l'une matérielle, l'autre spirituelle... L'utilité matérielle, ce sont les quelques mille francs qui entrent dans la poche de l'auteur... L'utilité spirituelle est que, pendant qu'on lit des romans, on dort et on ne lit pas de journaux.

Les épigrammes sur les journaux foisonnent dans la préface de *Mademoiselle de Maupin*.

Et voici la force des raisonnements de Gautier; voici comment ce gros homme tranche la grave et délicate question de la prédilection de certains écrivains pour certains sujets, des rapports intimes de sympathie qui peuvent exister entre l'auteur dramatique et ses personnages :

> Il est aussi absurde de dire qu'un homme est un ivrogne parce qu'il décrit une orgie, un débauché parce qu'il raconte une débauche, que de prétendre qu'un homme est vertueux parce qu'il a fait un livre de morale; tous les jours on voit le contraire. — C'est le personnage qui parle et non l'auteur ; son héros est athée, cela ne veut pas dire qu'il soit athée ; il fait agir et parler les brigands en brigands, il n'est pas pour cela un brigand. A ce compte, il faudrait guillotiner Shakespeare, Corneille et tous les tragiques; ils ont plus commis de meurtres que Mandrin et Cartouche.

Heureusement pour la doctrine de l'art pour l'art, elle a eu dans notre siècle des apologistes plus sérieux que l'auteur de la préface de *Mademoiselle de Maupin*. Nous avons vu Cousin la formuler en philosophe dans son cours de 1818, sauf à y introduire plus tard les réserves et les atténuations nécessaires. Quiconque a réfléchi, si peu que ce soit, sur la question évite de prendre un ton tranchant quand il affirme l'*inutilité glorieuse* de l'art, et il

faut être aussi superficiel que l'était Théophile Gautier
pour ne rien apercevoir des vérités contraires qui s'opposent ici à une thèse trop catégorique.

Il est vrai que Francisque Sarcey s'exprime d'une façon
qui ne semble pas moins affirmative lorsqu'il écrit : « C'est
un enfantillage de prétendre faire du théâtre un lieu d'enseignement. Le théâtre est une chose et l'école en est une
autre. » Mais ce que Sarcey condamne en premier lieu,
c'est un genre d'enseignement par le théâtre que ni
Eschyle, ni Boileau, ni Voltaire, ni Victor Hugo, ni Diderot lui-même, ni aucun poète, ni aucun philosophe n'a
jamais recommandé, et qui n'a pu être imaginé que par
des savants frottés de littérature et en quête des moyens
de vulgariser la science. Il s'agit d'abord de cette chose
hybride, froide et bizarre, qu'on appelle le *théâtre scientifique*. Sarcey a ici toute raison d'être affirmatif et de
dire : « Le théâtre est une chose, et l'école en est une
autre. Il ne faut pas les confondre. Tenez pour certain, au
reste, qu'on ne les confond pas longtemps. Le public a un
merveilleux instinct. Quand M. Louis Figuier a voulu l'at-
tirer en lui criant, comme le cuisinier au dindon : « Petit !
« petit ! viens donc ; c'est du théâtre scientifique ; je vais
« t'enseigner comment Gutenberg inventa l'imprimerie et
« Papin le bateau à vapeur », le public s'est sauvé à toutes
jambes ; il se méfiait. »

Voilà une vérité très juste, brièvement et spirituellement
exprimée, et il n'est point nécessaire de crier comme
un sourd, avec Théophile Gautier :

Non, imbéciles, non, crétins et goitreux que vous êtes !
un livre ne fait pas de la soupe à la gélatine ; un roman
n'est pas une paire de bottes sans couture ; un sonnet, une
seringue à jet continu ; un drame n'est pas un chemin de
fer, etc.

Francisque Sarcey, élargissant la question, conclut comme il suit : « Le public se méfiera toujours des hommes bien intentionnés qui voudront faire au théâtre de la politique, de l'histoire, de la morale, de la science, tout enfin, excepté du théâtre.» Ainsi l'excellent critique semble condamner, en dernière analyse, non seulement le théâtre scientifique, mais le théâtre moral. C'est peut-être aller un peu au delà de sa pensée ; il est probable qu'il y a un sens dans les mots *intentionnés* et *voudront faire*, et qu'ils donnent sa mesure et sa vraie valeur à la phrase. Autre chose est l'intention morale et l'effet moral involontairement produit ; on peut blâmer un poète de se proposer trop délibérément un but moral, sans désapprouver pour cela la bonne influence morale de sa poésie, et une des idées essentielles de notre conclusion sera fondée sur cette distinction extrêmement importante.

Mais, quelques atténuations que l'on apporte à la pensée de Sarcey, ce maître du feuilleton théâtral paraît devoir être rangé, en somme, au nombre des adversaires de l'art utile, de l'art considéré comme instrument de civilisation et de progrès, et il ne partage sans doute point la manière de voir d'un de ses confrères du journalisme, M. Henri Chantavoine, qui professe franchement la doctrine du théâtre moral et civilisateur.

Dans un article sur le théâtre de Voltaire (1), M. Chantavoine se déclare, avec une nouveauté et un courage d'opinion qui ont beaucoup de charme, en faveur de ces tragédies philosophiques du xviiie siècle si décriées de notre temps. Il se montre bien plus hardi et plus original que Bersot, qui, faisant dans le théâtre de Voltaire la différence connue entre l'œuvre d'art et l'œuvre d'action, entre la poésie et la polémique, s'était borné à dire : « Le théâtre,

_____
(1) *Revue bleue,* 7 août 1886.

à cette époque, n'a pas été seulement un amusement pour les oisifs, un plaisir distingué pour les hommes de goût ; il est entré hardiment dans l'action ; il a été le Journal et la Revue de ce temps ; il a prêté son retentissement aux idées qui devaient détruire un monde et en créer un nouveau. Aujourd'hui, ce théâtre nous paraît plein d'exagérations, de lieux communs, de déclamations insupportables ; mais ce qui maintenant nous semble usé était neuf alors : ces banalités morales qui nous fatiguent sont les maximes mêmes sur lesquelles notre société repose. »

C'était juste et bien dit ; mais ce n'était pas neuf. M. Henri Chantavoine n'hésite pas à voir une source d'heureuse inspiration pour le poète dramatique dans ce que Bersot — avec toute la critique en général — acceptait seulement à titre de vérités bonnes à dire du haut de la tribune ou de la chaire, mais antithéâtrales.

Il en est, écrit-il, des idées de tolérance et de justice dans les tragédies philosophiques de Voltaire comme des idées de réhabilitation et de pitié, de relèvement des humbles et de compassion pour les misérables dans le drame souvent lyrique, mais plus souvent encore dramatique et humanitaire de Victor Hugo. Voltaire se trouve ainsi commencer une évolution que le romantisme a continuée et que peut-être le naturalisme — mais un naturalisme plus tendre et moins brutal — achèvera. C'est la *religion de la souffrance humaine* que l'art moderne se met à propager comme un écho de notre civilisation plus douce, de même que l'art et le drame anciens parlaient aux hommes primitifs des mystères de l'obscure fatalité ou de la colère des dieux jaloux. Je suis, pour ma part, très reconnaissant à Voltaire de cette prédication par le théâtre (qui a toujours été et qui sera toujours un enseignement) des vérités morales, neuves ou éternelles, nécessaires à l'humanité. L'auteur d'*Alzire* rejoint par là l'antiquité même, Eschyle et son *Prométhée*, Sophocle et son *Antigone* annonçant devant Créon *les lois immuables, non écrites*, et

martyre de sa conscience, comme il tend la main au poète
de *Marion de Lorme* et à l'auteur des *Idées de Madame Au-bray*.

Et — à propos d'un passage du discours préliminaire
d'*Alzire* que nous avons cité : « On trouvera dans pres-que tous mes écrits cette humanité qui doit être le pre-mier caractère d'un être pensant, etc. » — l'éloquent et in-génieux apologiste du théâtre de Voltaire ajoute :

> Voilà, en effet, la véritable cause de l'intérêt passionné
> qu'attachaient les contemporains de Voltaire à ses pièces
> d'*Alzire* et de *Mahomet*. Voilà ce qui enlevait les applaudis-sements du public, ravi d'entendre prêcher au théâtre la phi-lanthropie, comme il aimera, en d'autres circonstances, les
> tirades républicaines et les belles déclamations sociales. *Le
> théâtre est l'évangile du peuple.* Tragique ou comique, il est
> pour lui une leçon de conduite et une école de moralité.
> Aussi les grands dramaturges ne sont-ils jamais de purs
> amuseurs ; ils sont chargés de dire, d'âge en âge, à l'humanité
> le mot qu'elle attend.

Il est rare de rencontrer aujourd'hui, dans la critique
purement littéraire, une adhésion aussi formelle à la doc-trine de l'*évangélisation* du peuple par le théâtre, une
aussi sympathique apologie des tragédies philosophiques
de Voltaire, et il est impossible de n'être pas frappé par ce
qu'il y a de juste dans l'assimilation de Voltaire, à cet
égard, sinon avec Eschyle et Sophocle, au moins avec
Victor Hugo et Alexandre Dumas fils.

Les philosophes du dix-huitième siècle en général, et
Voltaire en particulier, n'étaient point les sophistes froids
que nous nous figurons à tort et que Victor Hugo se figu-rait quand il condamnait, en ces mots, les personnages de
la tragédie voltairienne : « Ce ne sont pas des hommes qui
vivent, ce sont des sentences qui parlent. » Il n'y a pas moins

d'hommes vivants, il n'y a pas plus de sentences parlantes dans le théâtre de Voltaire que dans celui de Victor Hugo. Cela est reconnu aujourd'hui ; mais ce qu'il est vrai de dire aussi, et ce qu'il était nouveau et intéressant de marquer, c'est que l'évangile de Voltaire, les principes de justice et de tolérance pour lesquels il luttait, remplissaient le poète apôtre d'une passion ardente et sincère et faisaient partie intégrante de son inspiration dramatique, absolument de la même manière que le grand sentiment de pitié humaine qui anime l'œuvre de Victor Hugo.

Un autre critique contemporain, dont la distinction consiste dans une singulière noblesse d'âme, un délicat et docte écrivain auquel nous devons plus qu'à personne l'initiation de l'esprit français à la profonde et riche humanité du roman russe, M. Melchior de Vogué, proteste avec mépris, avec indignation contre la doctrine de l'art pour l'art.

Oh ! je sais bien, dit-il (1), qu'en assignant à l'art d'écrire un but moral je vais faire sourire les adeptes de la doctrine en honneur : l'art pour l'art. J'avoue ne la comprendre pas. Je ne croirai jamais que des hommes sérieux, soucieux de leur dignité et de l'estime publique, veuillent se réduire à l'emploi de gymnastes, d'amuseurs forains. Ces délicats sont singuliers. Ils professent un beau mépris pour l'auteur bourgeois qui s'inquiète d'enseigner ou de consoler les hommes, et ils consentent à faire la roue devant la foule à cette seule fin de lui faire admirer leur adresse ; ils se vantent de n'avoir rien à lui dire au lieu de s'en excuser... Il est inconcevable qu'on érige en doctrine ce qui doit rester une exception... Notre noble profession n'a rien de commun avec ce commerce ; il est légitime, à coup sûr, si l'on y apporte de la probité et de la décence ; mais il ressemble à la littérature autant qu'une boutique de jouets à une bibliothèque.

_____

(1) *Revue des Deux Mondes*, 15 mai 1886.

8

Alexandre Dumas fils a été, de nos jours, le principal apôtre de l'art utile ; la pensée de la moralisation des hommes par le théâtre remplit ses comédies et surtout les préfaces de ses comédies.

Il nous suffira de parcourir une de ces préfaces retentissantes, écrites avec une verve endiablée, pleines d'idées généreuses, et qui seraient parfois d'admirables morceaux si le paradoxal écrivain, tour à tour éloquent et déclamatoire, ingénieux et trivial, brillant d'images et rebutant par une phraséologie empruntée à la langue banale des journaux, jamais calme ni mesuré, le plus semblable enfin à Diderot de tous les hommes du dix-neuvième siècle, ne nous donnait pas trop souvent le spectacle d'un orateur populaire qui s'échauffe, s'emporte, *s'emballe*, et a moins d'autorité que de fougue.

La gloire pour la gloire est une spéculation honteuse... Or notre grande, notre unique préoccupation, à nous écrivains, à nous auteurs dramatiques principalement, c'est de prouver que nous sommes forts, de lever des poids énormes comme des athlètes, devant un public enthousiaste, et de *tomber* nos rivaux et nos amis aux applaudissements d'une salle idolâtre.

Eh bien, parlons franc, au risque de nous faire jeter des pierres... Quand le travail de l'esprit n'est pas la plus noble de toutes les professions, c'est le plus vil de tous les métiers...

Jamais le théâtre, qui se dégrade et s'avilit à cette heure entre les mains du plus grand nombre, n'a eu plus belle occasion et plus sûre d'affirmer sa puissance civilisatrice...

Nous sommes perdus et, je le répète et l'affirme, ce grand art de la scène va s'effiloquer en oripeaux, paillons et fanfreluches ; il va devenir la propriété des saltimbanques et le

plaisir grossier de la populace, si nous ne nous hâtons de
le mettre au service des grandes réformes sociales et des
grandes espérances de l'âme...

Indiquons le but à cette masse flottante qui cherche son
chemin sur toutes les grandes routes ; fournissons-lui de
nobles sujets d'émotion et de discussion... Le chef-d'œuvre
pour le chef-d'œuvre ne lui est plus suffisant, pas plus que
la satire sans le conseil, pas plus que le diagnostic sans le
remède. Et puis rire toujours de l'homme sans bénéfice pour
lui, c'est cruel, c'est lâche, c'est triste.. Il nous faut le retrem-
per dans ses sources, lui indiquer ses voies, lui découvrir ses
finalités, autrement dit, nous faire plus que moralistes, nous
faire législateurs. Pourquoi pas, puisque nous avons charge
d'âmes ?

... Le théâtre n'est pas le but, ce n'est que le moyen...
Par la comédie, par la tragédie, par le drame, par la bouf-
fonnerie, dans la forme qui nous conviendra le mieux, inau-
gurons donc le théâtre *utile*, au risque d'entendre crier les
apôtres de *l'art pour l'art*, trois mots absolument vides de sens.
Toute littérature qui n'a pas en vue la perfectibilité, la moralisation, l'idéal, l'utile en un mot, est une littérature rachiti-
que et malsaine, née morte. La reproduction pure et simple
des faits et des hommes est un travail de greffier et de pho-
tographe, et je défie qu'on me cite un seul écrivain, consacré
par le temps, qui n'ait pas eu pour dessein la plus-value
humaine (1).

Un des inconvénients du style apocalyptique, même quand
il ne dédaigne pas les termes positifs de la langue commer-
ciale comme le mot *plus-value*, c'est de traduire un état
d'esprit qui n'a rien de ferme ni de stable et d'amuser plutôt
que d'instruire le lecteur, que cette perpétuelle agitation de
l'écrivain tient en haleine et en suspens, mais ne fixe nulle
part. La force d'une pensée mûre et maîtresse d'elle-même
manque aux vives saillies de Dumas, et les boutades de
son humeur étincelante ne constituent point des raisons.

(1) Préface du *Fils naturel.*

C'est pourquoi il lui arrive de se contredire assez étourdiment, d'écrire, par exemple, dans la même préface où il développe la théorie de l'art utile, ces·lignes que déjà ne désavouerait pas un adepte intelligent de l'art pour l'art : « Je n'apparais ni pour punir mon siècle, *ni pour le guider*, ni pour le transformer, ni pour l'amuser même. Je ne suis ni dieu, ni apôtre, ni philosophe, ni bateleur. Je suis quelqu'un qui passe, qui regarde, qui voit, qui sent… et qui dit ou écrit ce qui le frappe. »

Il y a plus. Un ministre de l'empire, M. Léon Faucher, ayant fondé une prime annulle de 5.000 francs pour l'auteur d'un ouvrage dramatique « qui serait de nature à servir à l'enseignement des classes laborieuses par la propagation d'idées saines et le spectacle de bons exemples », Dumas déclara l'idée « simplement absurde », et, dans l'avant-propos du *Demi-Monde*, il fit une profession de principes qu'on peut trouver belle et juste en elle-même, mais qui étonne sous sa plume et se concilie mal avec ce que nous venons de lire dans la préface du *Fils naturel* :

Est-ce que l'art, au théâtre surtout, est chargé d'épurer les mœurs des classes laborieuses ?… Montrez-moi un chef-d'œuvre reconnu tel, qui aurait pu obtenir le prix de M. Léon Faucher ! Sera-ce *Tartufe* ? sera-ce *Hamlet* ? sera-ce *le Mariage de Figaro* ? sera-ce *Phèdre* ?… Quelle manie a donc l'Etat de vouloir diriger, détourner, canaliser l'esprit, moyennant un pourboire de quelques billets de mille francs ! Si vous voulez fonder des prix de littérature en argent, fondez des prix dignes de l'artiste et dignes de vous, qui ne ressemblent pas aux prix que vous donnez pour les jockeys et les chevaux de course ! Attribuez deux cent, trois cent, cinq cent mille francs, non pas à l'œuvre la plus morale, mais à l'œuvre la plus belle qui aura été exécutée, *ce qui est absolument beau n'étant jamais immoral*, sachez-le une fois pour toutes… L'émotion causée par la peinture d'une vraie passion, quel que soit l'ordre de cette passion, du moment qu'elle est exprimée dans un beau

langage, traduite dans un beau mouvement, cette émotion
vaut mieux que les tirades toutes faites que vous nous demandez au prix de fabrique, comme des soumissions cachetées
pour les travaux de la Ville, et elles moralisent bien autrement l'homme en le forçant à regarder en lui, en faisant monter à la surface tous ses mystères intérieurs, en remuant le
fond de la nature humaine. Ne nous donnez rien, cela vaudra
encore mieux, car nous n'avons besoin de rien que de justice,
de liberté ou d'indifférence.

9

Le plus grand critique du dix-neuvième siècle, Sainte-
Beuve, n'a pas une seule fois serré de près la question des
rapports de l'art et de la morale. Une de ses *Causeries du
lundi* est bien intitulée « la Morale et l'Art », mais elle a
peu de signification. Sainte-Beuve avait tous ses goûts trop
tournés vers la poésie et la critique concrète pour être
curieux des abstractions de l'esthétique. Toutefois son
œuvre entière montre avec évidence un partisan de l'art
pur, de l'art souverainement libre et ne relevant que de
lui-même, de l'art *but* et non pas *moyen*.

Edmond Scherer, esprit plus philosophique, a marqué
avec sa précision accoutumée les points essentiels de la
question (1). Il propose de remplacer l'expression : « l'art
pour l'art », cause de tout le tumulte, par celle-ci : « l'art pour
le beau ». A un paradoxe bruyant comme un cri de guerre
on substituerait ainsi une vérité élémentaire et banale
jusqu'à la tautologie, car il est impossible d'assigner à l'art
un autre but que le beau. Sans faire de métaphysique,
Scherer remarque simplement qu'en fait la moindre intention didactique, sensible dans une œuvre d'art, lui ôte quelque chose de sa beauté sereine et naïve. Morale ou immo-

(1) *Études sur la littérature contemporaine*, t. IV, p. 312 et suiv

rale, peu importe, toute préoccupation autre que celle du beau lui-même ne peut se laisser voir dans un ouvrage d'imagination sans que sa valeur artistique en soit diminuée:

L'art ne peut pas plus impunément être école d'immoralité que de moralité. L'intention obscène, corruptrice, le dénature aussi sûrement que l'intention pie.

Mais, d'un autre côté, l'œuvre d'art, que l'artiste l'ait voulu ou non, peut produire une impression d'ordre moral :

Gœthe, assurément, n'a pas entendu faire œuvre d'édification en écrivant *Faust*, et cependant on n'a jamais déduit les conséquences d'une faute avec une vérité plus impitoyable, exprimé les angoisses du remords avec un pathétique plus déchirant, et par conséquent on n'a jamais rien écrit de mieux fait pour mettre sur leurs gardes les Gretchen qui savent lire. J'ose ajouter que si Gœthe a si bien atteint ce but, c'est qu'il n'y a pas visé.

La conclusion de Scherer est que « le plus sûr moyen pour un poète de remplir son rôle en ce monde, c'est de rester ce qu'il est et de ne se préoccuper que de la beauté dont il est le divin interprète. Il en est du beau comme du vrai : dites au savant de chercher dans l'étude de la nature des résultats utiles à l'industrie, ou dans l'histoire des thèses favorables à la politique ; dites à l'artiste de donner au public des leçons sur la fidélité conjugale, sur les mariages d'argent, sur le sort des enfants naturels, — vous êtes sûr de leur faire manquer à l'un et à l'autre leur but, et cela par une bonne raison, c'est que vous aurez altéré chez eux l'inspiration même de l'art et de la science. »

Scherer se trouve ici entièrement d'accord avec Littré, qui, dans un bel article sur *Cuvier et les ossements fos-*

siles (1), fait noblement consister le caractère le plus élevé et le plus poétique de la science dans cette curiosité haute et désintéressée qui inspire au savant de chercher le vrai pour lui-même, indépendamment de toute utilité : « Des esprits dédaigneux des hautes spéculations dont l'application n'est pas évidente, ni l'utilité immédiatement palpable, demandent parfois à quoi bon consumer tant d'efforts à éclairer le passé ou l'espace, et ils voudraient voir chaque découverte de la science produire une machine nouvelle ou une commodité de plus. Disons-le hardiment ici : tel n'est pas le but de la science. Ce qu'elle poursuit, c'est le vrai : l'utile, elle n'y arrive que par voie indirecte et, en quelque sorte, d'une manière fortuite ; comparable en cela aux lettres et aux arts, pour qui l'utile n'est qu'un objet secondaire, et dont le beau forme le domaine. »

Poète lui-même et surtout lettré délicat en même temps que philosophe et que savant, Littré illustre heureusement sa pensée par la citation, qu'il place au milieu de son austère sujet, d'une charmante poésie de Schiller :

« Un jeune homme studieux vint trouver Archimède : — Instruis-moi, lui dit-il, dans la science divine qui a porté de si beaux fruits pour la patrie et qui a défendu nos murailles contre les machines romaines. — Tu nommes divine la science : elle l'est, répliqua le sage ; mais elle l'était, mon fils, avant d'avoir servi l'Etat. Si tu ne veux d'elle que des services, une science terrestre peut te les rendre ; que celui qui brigue les faveurs de la déesse ne cherche pas en elle la mortelle ! »

L'exemple de Schiller et de Gœthe montrerait, au besoin, à M. Melchior de Vogué et aux autres nobles cœurs qu'indigne la théorie de l'art pour l'art, qu'il est possible d'unir

(1) *La Science*, p. 131.

les sentiments moraux les plus élevés à la plus jalouse passion pour l'indépendance de l'art. Quand on voit un artiste à l'âme haute, tel que Gustave Flaubert, pour lequel l'art était une véritable religion, croire en l'art pour l'art comme en un article de foi et traiter la doctrine de l'art utile avec autant de mépris que M. de Vogué en verse sur la doctrine contraire, il devient évident que le grand romancier et le moraliste exquis, aussi éloignés l'un que l'autre des sentiments du vulgaire, n'entendent point la même chose sous les mêmes mots.

Gœthe et Schiller regardaient comme placé hors du point de vue artistique ou littéraire tout critique qui, devant une œuvre d'imagination, pose une autre question que celle-ci : L'exécution est-elle tout ce que demandait et seulement ce que demandait la nature du sujet choisi par l'artiste ?

Dès qu'un homme laisse voir, écrivait Schiller à Gœthe, qu'il y a dans une œuvre poétique quelque chose qui l'intéresse plus que la nécessité et la vérité intimes, je l'abandonne. Si vos critiques pouvaient vous montrer que l'immoralité de vos peintures ne provient pas de la nature même du sujet, mais de la manière dont vous avez traité ce sujet, alors vous seriez en effet coupable, mais coupable pour avoir péché contre les lois de l'art, et non contre celles de la morale.

Gœthe avait si exclusivement à cœur la vérité d'exécution, et, d'autre part, il était si frappé des malentendus, des erreurs, des abus de toute sorte qui résultent de l'usage indiscret d'un terme vague et mal défini comme celui de *beauté*, qu'il aurait voulu pouvoir bannir ce mot de la conversation des hommes et leur apprendre à ne juger des choses de l'art que par leur degré de *vérité*. « La véritable poésie, écrit-il dans ses *Mémoires*, n'a point d'intention didactique : elle n'approuve rien, elle ne blâme rien, mais elle développe les conséquences des actions et des passions, et par là elle nous éclaire et nous instruit. » Et, dans les *Entretiens avec Eckermann*, on rencontre ces hautes et lumineuses paroles, auxquelles notre propre conclusion n'aura presque rien à ajouter :

Si le sujet peut produire une impression morale, elle se manifestera même quand le poète n'aurait pensé absolument qu'à écrire une œuvre artistique. Si un poète a l'âme aussi élevée que Sophocle, il peut faire tout ce qu'il voudra, l'effet qu'il produira sera toujours moral... De Corneille sort une puissance capable de faire des héros.

III

PHILOSOPHES DU DIX-NEUVIÈME SIÈCLE

10

Lorsqu'on cherche, pour l'étude d'une question quelconque, des autorités dans les siècles antérieurs, on y rencontre d'abord un petit nombre de noms que le temps a consacrés et dont le choix s'impose ; mais les autorités contemporaines, destinées ou non à durer, commencent toujours par être innombrables. Je n'ai donc pu avoir la prétention de passer en revue tous les fameux écrivains récents, et je me suis simplement promené au hasard de mes lectures et de mes notes à travers la littérature de notre siècle. C'est une promenade du même genre et moins suivie encore, qu'il me reste maintenant à faire à travers la philosophie ; car mon défaut de compétence spéciale s'ajoute ici à l'incohérence et au vague de mes informations pour m'interdire toute ambition de présenter au lecteur un tableau complet et systématique.

La distinction du beau et de l'utile a été faite maintes fois par les philosophes du dix-neuvième siècle, avec une netteté dont le seul tort est de réduire la question à des termes un peu trop simples qui rappellent presque — moins la grossièreté de la pensée et du langage — la préface de *Mademoiselle de Maupin*. « Ce qui est utile, dit Cousin, n'est pas toujours beau ; ce qui est beau n'est pas toujours utile, et ce qui est à la fois utile et beau est beau par un autre endroit que son utilité. Voyez un levier, une poulie ; assurément rien de plus utile. Cependant vous n'êtes pas tenté de dire que cela soit beau. Avez-vous découvert un vase antique admirablement travaillé ? Vous vous écriez que ce vase est beau, sans vous aviser de rechercher à quoi il vous servira (1). » Présentée en ces termes, la thèse devient trop évidente.

Jouffroy pousse jusqu'à une complète opposition la différence entre le beau et l'utile. Il remarque qu'un beau fruit n'est plus beau pour l'homme qui a soif et n'aspire qu'à s'en désaltérer, qu'un propriétaire songeant à exploiter ses prairies ou sa forêt n'a point d'yeux pour voir leur beauté, et que celle-ci n'est aperçue de lui qu'aux moments où il oublie le profit qu'il pourrait tirer de ses biens. Le paysan, qui ne considère que l'utile, n'a pas seulement l'idée qu'on puisse trouver quelque chose à admirer dans un fléau destructeur, et il traiterait volontiers de fou l'artiste qui déclare beau un orage ou un incendie. Sans insister présentement sur cette différence, sur cette opposition de la beauté esthétique et de l'utilité matérielle, — qui paraît manifeste à première vue, mais qu'une analyse un peu plus délicate nous fera peut-être atténuer, — passons à ce qui est proprement l'objet de notre étude : la question de l'utilité morale de l'art.

Nous avons vu la doctrine de l'art pour l'art formulée ainsi par Cousin dans son premier cours de philosophie : « L'art n'est pas plus au service de la religion et de la morale qu'au

---

(1) *Du vrai, du beau et du bien*, p. 155.

service de l'agréable et de l'utile... Il faut de la religion pour
la religion, de la morale pour la morale et de l'art pour l'art. »
Il est intéressant de montrer ce que cette formule, peut-être
un peu trop rigoureuse, a pu perdre ou conserver plus tard
de son aspérité dans le livre qui renferme l'expression
définitive de la pensée philosophique de Victor Cousin.

Je ne puis, écrit-il dans son traité *du Vrai, du Beau et
du Bien*, accepter sans réserve la théorie qui, confondant le
sentiment du beau avec le sentiment moral et religieux, met
l'art au service de la religion et de la morale et lui donne
pour but de nous rendre meilleurs et de nous élever à
Dieu... Le seul objet de l'art est le beau. L'art s'abandonne
lui-même dès qu'il s'en écarte... En Italie comme en Grèce,
comme partout, l'art est d'abord entre les mains des sacer-
doces et des gouvernements ; mais, à mesure qu'il grandit et
se développe, il conquiert de plus en plus sa liberté. On
parle de la foi qui alors animait les artistes et vivifiait leurs
œuvres : cela est vrai du temps de Giotto et de Cimabuë ;
mais, après Angelico de Fiesole, à la fin du quinzième siècle,
en Italie, j'aperçois surtout la foi de l'art en lui-même et le
culte de la beauté. Raphaël, dit-on, allait passer cardinal ;
oui, mais en peignant toujours la Galatée, et sans quitter la
Fornarine.

Sur ce double principe, — que l'art est indépendant de
toute fin extérieure à lui-même et que son objet unique est
le beau, — Cousin établit logiquement sa classification des
arts libéraux ou beaux-arts. Il en exclut l'éloquence, l'histoire et la philosophie ; non point que la philosophie, l'éloquence et l'histoire ne soient assurément de très hauts
emplois de l'intelligence : mais le beau est si peu leur objet
propre et direct qu'elles ne sont jamais plus sûres de le
manquer et de manquer à leur vraie fonction que lorsque
c'est lui qu'elles recherchent. Elles doivent chercher
d'abord la vérité et la justice, ne se servant de l'art

que comme d'un moyen et n'espérant trouver le beau que dans leur fidélité même à servir la cause du vrai et du juste ; tandis que les arts proprement dits et la poésie ne dépendent d'aucune autorité supérieure et n'ont de compte à rendre qu'à leur propre tribunal.

Cependant, ce serait fort mal rendre la pensée qui a inspiré le livre *du Vrai, du Beau et du Bien*, que de ne pas accorder à son auteur le bénéfice d'une réserve essentielle sans laquelle le chef du spiritualisme français au dix-neuvième siècle se distinguerait à peine de Théophile Gautier et des moins sages adeptes de l'art pour l'art. Si Cousin repousse formellement la doctrine d'une subordination de l'art à la morale, d'une dépendance du beau par rapport au bien et au vrai, il admet non moins formellement la confraternité de ces grandes idées et la nécessité de leur union harmonieuse ; s'il nie que l'art soit un instrument au service d'aucune cause, même la plus sacrée, il est bien loin de contester que les causes sacro-saintes de la morale, de la religion, de·la patrie, soient aussi les plus dignes d'inspirer l'artiste :

Renfermons bien notre pensée dans ses justes limites. En revendiquant l'indépendance, la dignité propre et la fin particulière de l'art, nous n'entendons pas le séparer de la religion, de la morale, de la patrie. L'art puise ses inspirations à ces sources profondes, aussi bien qu'à la source toujours ouverte de la nature. Mais il n'en est pas moins vrai que l'art, l'Etat, la religion sont des puissances qui ont chacune leur monde à part et leurs effets propres; elles se prêtent un concours mutuel ; elles ne doivent point se mettre au service l'une de l'autre. Dès que l'une d'elles s'écarte de sa fin, elle s'égare et se dégrade. L'art se met-il aveuglément aux ordres de la religion et de la patrie ? En perdant sa liberté, il perd son charme et son empire... Distinguons, ne séparons pas; unissons l'art, la religion, la patrie, mais que leur union ne nuise pas à la liberté de chacune d'elles. Pénétrons-nous bien de cette pensée, que *l'art est aussi à lui-même une sorte de religion.* Dieu se manifeste à nous par l'idée du vrai, par l'idée du bien, par l'idée du beau. Ces trois idées sont égales entre elles et filles légitimes du même père. Chacune d'elles mène à Dieu, parce qu'elle en vient... Ainsi, l'art est par lui-même essentiellement moral et religieux ; car, à moins de manquer à sa propre loi, à son propre génie, il exprime partout dans ses œuvres la beauté éternelle.

Le principal esthéticien de l'école de Cousin, Charles Lévêque, ajoute, dans son grand ouvrage, *la Science du beau,* quelques judicieuses réflexions aux paroles éloquentes du maître. Il remarque que ce serait singulièrement réduire le domaine de l'art, que d'en faire l'auxiliaire de la morale, puisque les seules œuvres de l'art qui intéressent directement la morale et puissent efficacement la servir sont celles qui représentent des actes de vertu ou de dévouement. Il insiste, en outre, sur ce fait tant de fois constaté et dont nous avons déjà enregistré l'observation, à la suite de Scherer, que « l'artiste ou le poète qui se préoccupe vivement d'atteindre un but moral manque presque toujours le beau, produit des œuvres sans intérêt et n'aboutit qu'à desservir à la fois et l'art et la morale ».

11

Les meilleures idées de la philosophie de Victor Cousin en général, et particulièrement de son esthétique, étaient dues à l'Allemagne, qui, au commencement du dix-neuvième siècle, a exercé sur la pensée française l'influence que l'Italie avait eue au seizième, l'Espagne au commencement du dix-septième, l'Angleterre au dix-huitième, et qui semble, à la fin du dix-neuvième siècle, passer du côté de la Russie. Les principes essentiels du grand professeur français, — l'art considéré d'une part comme une activité indépendante ayant sa fin en elle-même, d'autre part comme une sorte de religion, — je les retrouve tous dans le *Cours d'Esthétique* de Hegel, livre inestimable, que j'appellerais volontiers, avec les *Conversations de Gœthe*, la bible et l'évangile du critique littéraire ; car ces deux ouvrages du plus grand philosophe et du plus grand poète de l'Allemagne contiennent, sur l'art et sur la poésie, tout ce qu'on a jamais écrit de plus riche de sens, de plus rayonnant de clarté.

Parlant des spécieuses théories qui assignent à l'art l'instruction des hommes ou leur perfectionnement moral comme le seul but digne de ses efforts, Hegel dit excellemment :

Dans cette manière de voir, la forme sensible, qui constitue précisément l'œuvre d'art, n'est plus qu'un accessoire oiseux, une simple enveloppe, une apparence donnée expressément comme telle, un ornement extérieur et superflu. L'œuvre d'art est brisée dans son unité. La forme et l'idée ne se pénètrent plus... Sans doute, l'art en lui-même n'a jamais pour but l'immoralité; mais il ne se propose pas non plus de produire un effet moral. De toute production de l'art d'un caractère pur, on peut dégager une idée morale; mais il faut pour cela une explication, et la morale appartient à celui qui sait la tirer; elle dépend de lui... (1). Ce qu'il y a de faux dans la doctrine qui donne pour but à l'art l'amélioration des hommes, comme dans toutes celles qui lui sont analogues, c'est que l'art y est présenté comme relatif à quelque chose qui lui est étranger, c'est que son but propre, c'est-à-dire ce qui le constitue essentiellement, ce qui fait qu'il est par lui-même, n'est pas en lui, mais hors de lui, de sorte qu'il ne devient plus qu'un instrument pour la réalisation

_____

(1) Cette judicieuse doctrine a été amplement développée par M. Lucien Arréat dans un important ouvrage sur *la Morale dans le Drame et dans le Roman* (Paris, F. Alcan).

d'une fin étrangère; tandis qu'au contraire l'art est appelé à manifester la vérité sous la forme de la représentation sensible, et qu'à ce titre il a son but en lui-même dans cette représentation et cette manifestation.

Comme tous les esprits vraiment supérieurs, Hegel possédait ce signe caractéristique de la force qui s'appelle la modération. En proclamant que l'art est libre, qu'il ne dépend d'aucune autorité plus haute que la sienne et qu'il se suffit pleinement à lui-même, le grand penseur désapprouvait l'abus qu'on a fait quelquefois de cette vérité, et il n'aurait certainement pas aimé la formule trop hardie et presque insolente de *l'art pour l'art*.

Ce qui correspond en Allemagne, dans une certaine mesure, à l'école française de l'art pour l'art, c'est l'école du *jeu* ou de l'*ironie*. Il serait peu utile de montrer ici les racines métaphysiques de cette théorie célèbre, qui se rattache directement à la philosophie transcendantale de Fichte; il nous suffit de l'envisager par son aspect purement esthétique. A ce point de vue, le principe essentiel de l'ironie ou du jeu, c'est que l'artiste doit se détacher entièrement de sa propre création, considérer comme un simple amusement de son génie toutes ces inventions auxquelles le public s'intéresse avec une émotion naïve, et se bien préserver lui-même de l'erreur vulgaire qui consiste à prendre au sérieux l'œuvre de ses mains.

On sent tout ce qu'un pareil principe recèle de dangereux, et on en voit sortir avec ennui l'insupportable école des *impassibles*, qui affecte, en étonnant les hommes, de ne s'émouvoir elle-même de rien, et la non moins insupportable école des *adorateurs de la forme seule*, qui affiche une complète indifférence pour le fond des choses et le choix des sujets. Mais ce qui fait la fortune de l'erreur, c'est toujours la portion de vérité qu'elle contient :

il y avait assez de vérité dans la théorie du jeu pour séduire un grand poète tel que Schiller, qui, dans ses *Lettres sur l'éducation esthétique de l'homme*, ne craignit pas de l'exposer avec une complaisante admiration, sans prévoir l'abus facile qu'on devait en faire. Schiller soutient hardiment ce paradoxe, que *l'homme n'est complet que là où il joue.*

De même, écrit-il, que les dieux de l'Olympe, affranchis de tout besoin, ignorant le travail et le devoir, qui sont des limitations de l'être, s'occupaient à prendre des personnages de mortels pour jouer aux passions humaines, ainsi dans la poésie dramatique nous jouons des exploits, des attentats, des vertus, des vices qui ne sont pas les nôtres.

S'étant fait du jeu poétique cette idée élevée, Schiller repousse avec un certain dédain l'opinion des personnes qui réclament pour le beau un caractère utile :

Le beau, pourriez-vous me dire, n'est-il pas ravalé dès qu'on en fait un pur jeu et qu'on le place sur la même ligne que les objets frivoles désignés de tout temps par ce mot ? N'est-il pas en contradiction avec l'idée rationnelle et la dignité du beau, qui pourtant est considéré comme un instrument de culture, de le restreindre à un pur jeu ?

A cela le poète philosophe répond que ce qui est *restriction* aux yeux du vulgaire est *épanouissement* aux yeux de l'artiste, puisque le jeu seul nous montre l'homme déployant en pleine liberté sa puissance, son activité, ses talents, et affranchi des besoins qui le limitent. Quel autre exercice de l'intelligence humaine pourrait valoir celui qui, sans utilité pratique et par manière de jeu, nous permet de contempler la créature mortelle dans ce divin emploi de ses facultés les plus hautes, qui s'appelle le génie ? L'art véritable, conclut Schiller à la suite de Kant,

est étranger à toute espèce d'intérêt, d'utilité et de désir ;
il est absolument *désintéressé*.

Les *Lettres sur l'éducation esthétique de l'homme* sont
contemporaines d'un chef-d'œuvre de Gœthe pour lequel
Schiller professait une admiration sans borne, et qui peut
nous servir d'exemple ici comme la plus belle application
poétique qui ait jamais été faite de la théorie du jeu dans
les arts : je veux parler d'*Hermann et Dorothée*.

Depuis que j'ai tenté de ce divin poème une étude spéciale (1), il m'est arrivé souvent d'y revenir avec amour, de
l'opposer à d'autres beaux ouvrages comme supérieur à
tout et comme le chef-d'œuvre le plus absolument parfait
qui soit sorti de la main d'un grand artiste en poésie ; je
répétais avec Schiller : « L'auteur d'*Hermann et Dorothée*
est au sommet de son art et de toute la poésie moderne » ;
mais je n'ai généralement pas rencontré parmi les critiques, mes confrères, une admiration aussi vive que celle
que j'éprouvais moi-même. Je voudrais, une bonne fois,
clairement raisonner et mon propre enthousiasme pour le
poème de Gœthe et la tiédeur relative que témoigne
aujourd'hui à son égard la majorité des connaisseurs, rien
ne me paraissant mieux fait que ce débat contradictoire pour
rendre sensible le vrai et le faux, le côté solide et le côté
spécieux de la théorie allemande du *jeu* ou de l'*ironie*, assez
proche parente, nous l'avons dit, de la doctrine française
de *l'art pour l'art*.

Non, je ne connais point de poème, dans la littérature
entière, qui ressemble plus qu'*Hermann et Dorothée* à une
création divine. De *rien*, — j'entends par là des éléments
les plus bourgeois et des circonstances les plus triviales, —
Gœthe a su tirer, comme par un coup de baguette magique,

---

(1) *Gœthe et ses deux chefs-d'œuvre classiques* (Fischbacher).

la matière éternelle de toute poésie, et il a mis cette matière en œuvre avec une aisance si souveraine, avec une si infaillible perfection, qu'on croit assister au jeu d'une divinité toute-puissante plutôt qu'au travail d'un homme mortel et borné que son génie ne dispense pas de l'effort. Comme un dieu, le poète plane tellement au-dessus de sa création que celle-ci ne l'altère et ne l'affecte en rien ; nul émoi, nul soupir, nul battement de son cœur, en venant à passer de la personne de l'auteur dans son ouvrage, ne fait subir à l'heureux et triomphant artiste une diminution quelconque d'être et de vie, de liberté et de joie. Pendant qu'il touche et captive ses lecteurs, on sent qu'il s'amuse royalement de ses propres inventions ; il fait agir, souffrir, pleurer, trembler ses marionnettes ; mais pas une ombre ne trouble sa sérénité, et, doucement ironique, il ne cesse de sourire lui-même à travers leurs larmes, leurs souffrances, leur agitation, leur effroi.

Or, si je ne me trompe, c'est précisément cette ironie olympienne qui, loin de recueillir un applaudissement unanime, paraît une beauté moindre à beaucoup d'hommes de goût. Ils aiment voir le poète s'associer à l'émotion qu'il provoque comme à celle qu'il décrit, et voilà pourquoi ils préfèrent à *Hermann et Dorothée* des œuvres d'une exécution moins parfaite, telles que *Faust* ou même ce déclamatoire *Werther*, mais dans lesquelles, si l'artiste joue moins triomphalement avec son sujet, on sent battre plus sympathiquement le cœur de l'homme.

Je suis bien obligé de reconnaître que les personnes qui jugent ainsi sont dans la tradition de la saine critique, depuis Horace et Boileau, qui ont dit :

Pour me tirer des pleurs il faut que vous pleuriez,

jusqu'à Hegel, qui désapprouve l'ironie sublime de l'artiste personnellement désintéressé de son ouvrage et n'offrant au public naïf et sérieux que le jeu d'un divin amuseur. Mais n'oublions pas qu'un poème peut être un chef-d'œuvre unique, inimitable, et un fort mauvais modèle, — justement parce qu'il est inimitable, et que toute tentative imprudente faite pour lui ressembler produira sûrement une caricature.

Je conserve donc, avec Schiller, mon admiration sans borne pour le poème de Gœthe ; et puis j'avoue très volontiers que les contorsions des soi-disant impassibles et les gamineries des ciseleurs d'art pour l'art ne sont que trop faites pour donner raison, contre Schiller, à ceux qui repoussent sa doctrine esthétique de l'ironie ou du jeu.

Cette doctrine n'en a pas moins fait fortune parmi les philosophes du dix-neuvième siècle ; car ce n'est pas seulement, avec Hegel et Victor Cousin, l'affirmation parfaitement judicieuse de l'indépendance souveraine de l'art, c'est la proclamation plus ou moins paradoxale de son *inutilité*, que répètent à l'envi la plupart des esthéticiens modernes : tant il est vrai que, dans cette question de l'art pour l'art, le plus grand nombre des personnes qui font profession de penser partagent, pour de doctes raisons, l'avis des gens frivoles qui, par pure légèreté d'esprit, approuvent sans examen la téméraire formule !

Le plus grand philosophe de l'école anglaise contemporaine, Herbert Spencer, renouvelle la doctrine du jeu, qu'il formule plus scientifiquement que Schiller et rattache à l'idée de l'évolution. L'école de Schopenhauer, de son côté, considère l'art comme une sorte de jeu supérieur, comme une illusion propre à nous faire oublier quelques instants les misères réelles de l'existence. Enfin le chef de l'école criticiste française, Charles Renouvier, voulant conclure dans sa Revue, *la Critique philosophique*, une série d'études d'un haut intérêt sur Victor Hugo, se demande, en terminant, si l'avenir trouvera le secret de faire vivre en paix l'imagination et la raison, et il déclare que « le principe souverain de l'esthétique » apporte à cette question, dont beaucoup d'esprits se sont inquiétés, une solution fort simple. Si l'imagination poétique, dit-il, se trouve de nos jours dans un état d'infériorité par rapport à la science et à la raison, c'est parce qu'elle se prend et qu'on la prend « trop au sérieux » ; elle n'ose s'étendre et se jouer librement, de peur de la raison. Il faut, au contraire, qu'elle abandonne toute prétention directe sur le vrai et sur l'utile et procède à ses créations indépendamment d'une croyance ou d'une conviction raisonnée, quelle qu'elle soit. Alors seulement l'art arrivera à son plein affranchissement, la poésie obtiendra la liberté pour ses inspirations et se livrera sans préoccupation logique « au cours des personnifications et des images ». Car la première condition de toute œuvre d'art, conclut l'éminent disciple de Kant, c'est le désintéressement du vrai et de l'utile ; « *ni l'utilité ni la vérité* n'en doivent être les objets propres et directs, mais seulement l'émotion et la beauté ».

12

Cette unanimité fondamentale des écoles les plus diverses constitue en faveur de *l'art pour l'art*, ou du moins de la doctrine esthétique dont cette formule trop cavalière est l'expression peu juste, une sorte d'*orthodoxie*, comme je l'ai dit précédemment sans attribuer d'autre sens à ce mot que celui d'opinion de la majorité. Mais les dissidents, pour être moins nombreux parmi les philosophes de profession que parmi les simples littérateurs, n'en sont pas moins dignes d'être pris en très sérieuse considération; et leur hérésie — si hérésie il y a — paraîtra des plus respectables quand on voudra bien se souvenir qu'elle a pour elle une origine encore plus ancienne et une autorité non moins haute que l'enseignement contraire.

L'école de l'art pour l'art pourrait, à la rigueur, s'honorer d'avoir eu pour premier maître Aristote : nous avons vu, du moins, avec quelle insistance Corneille établit que le mot d'*utilité* n'a pas été employé une seule fois par l'auteur de la *Poétique*; mais l'école de l'art utile a très certaine- ment Platon pour son plus illustre et son plus ancien pro- fesseur. Tout le monde sait que l'auteur de *la République* réduit la poésie et les arts au rôle de serviteurs dociles de la politique et de la morale, et qu'il en fait des instru- ments purement pédagogiques entre les mains de l'État, auquel il subordonne et sacrifie toutes les libres forces individuelles. Homère, couronné de fleurs, est respec- tueusement éconduit de la cité idéale de Platon, parce que son œuvre ne peut servir de manuel d'éducation et qu'il serait imprudent d'y chercher des règles de conduite pour la vie publique ou privée. Les poètes tragiques et comiques sont condamnés, eux aussi ; car ils risquent d'exercer sur les âmes une influence amollissante par le spectacle des passions surmontant la vertu, ou du malheur abattant le courage, sans compter que les personnages qu'ils mettent sur la scène sont, au moins pour moitié, de fort mauvais sujets. Platon n'autorise, en somme, d'autres ouvrages de poésie que les hymnes en l'honneur des dieux et les éloges des héros. C'est Rousseau ou même Diderot qu'on croirait lire lorsqu'on voit le philosophe poète, qui fut lui-même un des plus grands artistes de la Grèce, instituer dans sa *Répu- blique* une sorte de police des beaux-arts faisant lour- dement peser sa main sur toutes les créations de la muse !

Aux yeux de Platon, non seulement tout ce qui est beau est bon, idée assez facile à faire accepter, mais tout ce qui est bon est beau, chose un peu moins sûre et qui a cependant pour lui l'évidence et la solidité d'un axiome. Le père de toute la philosophie classique, Socrate, avait soutenu la même doctrine, au témoignage de Xénophon, qui met dans sa bouche le propos suivant :

Crois-tu qu'autre chose est le bien, autre chose, le beau ? Ne sais-tu pas que tout ce qui est beau pour une raison est bon pour la même raison ? La vertu n'est pas bonne dans une occasion et belle dans une autre ; les hommes aussi sont appelés bons et beaux de la même manière et pour les mêmes motifs ; ce qui, dans le corps des hommes, fait la beauté apparente en fait également la bonté; enfin tout ce qui peut être utile aux hommes est bon relativement à l'usage qu'on en peut faire. — Comment ! objecte Aristippe, un panier à ordures est donc aussi une belle chose ? — Oui, par Jupiter ! et un bouclier d'or est laid, du moment que l'un est convenablement fait pour son usage, et l'autre non.

Ainsi Socrate identifie le beau non seulement avec le bien dans son sens le plus élevé, mais avec l'utile dans ses applications les plus humbles.

Mais laissons Socrate, Platon et la philosophie ancienne, pour revenir aux contemporains.

Dans son profond ouvrage, *les Problèmes de l'esthétique contemporaine*, un penseur original, Guyau, ne craint pas de remettre en question les principes successivement affirmés par Kant et par Hegel, par Jouffroy et par Cousin, par Schopenhauer, par l'école psychologique anglaise, par l'école de l'évolution et par la nouvelle école critique de Renouvier. Au livre de Guyau j'ajouterai la courte et substantielle *Esquisse d'une Esthétique* (1) par un critique

(1) 1886.

d'art distingué de la ville de Grenoble, M. Marcel Reymond, et je vais résumer, en y mêlant mon propre commentaire, quelques-unes des idées les plus intéressantes de ces deux auteurs, d'accord l'un avec l'autre contre la majorité des esthéticiens modernes.

Suivant eux, il n'y a pas, au fond, entre le beau et l'utile, l'opposition radicale qu'un regard superficiel croit d'abord découvrir ; il y a même une secrète et profonde harmonie. Dans la nature, pour commencer par elle, tout jugement esthétique que nous portons sur un animal, une campagne, etc., contient un jugement pratique qui s'accorde avec lui, loin de le contredire. Pour les animaux au service de l'homme, la chose est assez claire : n'est-il pas reconnu que si quelque ignorant s'avise de trouver *beau* un cheval ou un bœuf mal conformé pour l'usage auquel on le destine normalement, la seule réponse à lui faire, c'est qu'il n'y entend rien ? Quant aux bêtes sauvages, il ne serait pas très difficile de trouver là aussi une certaine concordance du jugement esthétique et du jugement pratique, pourvu que nous consentissions à sortir de notre point de vue naïvement humain ; mais mes auteurs n'ayant pas jugé nécessaire de prévenir ici l'objection du sens commun, je ne suis pas tenu de le faire à leur place, et j'arrive tout de suite à la curieuse question des beautés naturelles proprement dites.

L'homme primitif, inculte, ne trouve beau dans la nature que ce qui présente une utilité quelconque. Pour le paysan, un beau pays est un pays fertile et ne saurait être autre chose. Pour le marin, la seule mer dont il dira qu'elle soit belle est la mer qui lui promet une navigation heureuse. Pour le touriste.... ah ! c'est ici que croit triompher la philosophie qui oppose le beau à l'utile ; car les admirations du touriste sont en raison inverse de l'utilité des choses : plus la montagne sera sauvage ou la mer orageuse, plus il criera merveille. M. Reymond, non sans subtilité, semble dire que l'appréciation du touriste correspond à *son utilité, à lui* ; mais l'utilité d'exposer sa vie gratuitement, c'est-à-dire sans utilité, peut paraître douteuse, et j'ai un argument beaucoup plus simple à proposer à M. Reymond pour appuyer sa thèse.

L'amour passionné du touriste pour l'horrible et pour le périlleux est un *paradoxe*, d'introduction récente dans la vie comme dans la littérature moderne, et qui, à l'heure où nous sommes, ne compte pas encore un siècle et demi d'existence. Jamais, jusqu'à l'avènement du romantisme, les hommes ne s'étaient avisés de trouver beau ce qui est laid, d'aimer ce qui est affreux et haïssable dans la nature, et le jugement du poète n'offrait, à cet égard, aucune différence essentielle avec celui du paysan.

Il y aurait aujourd'hui un curieux travail à faire pour un lettré qui serait psychologue : ce serait de soumettre à une révision scrupuleuse ce fameux sentiment de la nature dont nous sommes si vains quand nous nous comparons à nos pères, d'y démêler ce qui est spontané et naturel de ce qui est factice et appris (1), et surtout de reprendre l'ancienne distinction, fondamentale et trop négligée, du *sublime* et du *beau*. Le sublime dans la nature n'est point le superlatif du beau, puisqu'il en est très souvent la négation. Le *beau* est quelque chose d'agréable et d'harmonieux, dont la contemplation nous charme sans

---

(1) Quand on a décomposé en ses éléments divers le plaisir du touriste : 1° satisfaction physique et morale du péril affronté, de la difficulté vaincue, de la fatigue surmontée ; 2° gloriole de dire : « J'étais là, telle chose m'advint » ; 3° besoin banal de faire ce que d'autres ont fait ; 4° désir ambitieux de faire quelque chose que personne n'ait fait, — quelle part reste-t-il pour la passion pure et sincère des précipices et des glaciers ?

nous lasser jamais ; le *sublime* est un désaccord, une disproportion écrasante, qui, en nous surprenant, peut d'abord nous ravir d'enthousiasme, mais bientôt nous gêne et nous oppresse et ne peut être goûté, par conséquent, qu'à de rares et courts intervalles.

J'eus l'occasion, il y a quelques années, de toucher, pour ainsi dire, du doigt la vérité de cette distinction. Je faisais un séjour à Bagnères-de-Bigorre, lieu charmant, je veux dire à la fois agréable et beau, présentant le genre de beauté qui enchantait Virgile et La Fontaine, solitude, mais non pas désert, solitude relative « où l'on trouve une douceur secrète », et où l'on peut, sans « converser avec des ours affreux », « loin du monde et du bruit goûter l'ombre et le frais ». Des coteaux magnifiquement boisés et aisément accessibles, « modérés », comme disait Sainte-Beuve, offrent avec abondance et variété toutes les promenades qu'on peut raisonnablement souhaiter de faire pour la santé du corps et le délassement de l'esprit ; partout un paysage délicieux réjouit et repose la vue ; enfin l'utile et le beau vivent à Bagnères dans une parfaite harmonie. Je fis au dehors quelques excursions, et, entre autres curiosités sublimes, j'allai voir Gavarnie.

Le *chaos*, le *cirque*, me frappèrent de stupeur et d'admiration ; mais ce qui eût surpris un homme des anciens temps non moins que ces grandioses merveilles, c'est le phénomène que voici : une famille en vacances qui, entre tous les sites des Pyrénées, avait choisi ce séjour aussi incommode que sublime, non pas pour le visiter en passant et pour s'enfuir ensuite avec bonheur vers des régions plus clémentes, mais pour s'y installer en villégiature, femmes, enfants, cuisinière et bagages, pendant que le chef de la famille, héros de l'alpinisme, trouvant le village de Gavarnie encore trop civilisé, était allé s'établir sur les hauteurs du Vignemale, à trois mille mètres, en pleine neige ! On dit que tous les goûts sont *dans la nature* ; non, il y a des goûts *hors nature*, des goûts affectés et forcés qui sont une violence faite aux instincts naturels, et je n'hésite pas à ranger dans cette catégorie l'étrange prétention d'apprivoiser le sublime et de vivre familièrement avec lui *comme avec le beau*.

Les philosophes qui pensent que le beau, l'utile et l'agréable font bon ménage ensemble dans la nature, peuvent donc négliger, — comme un travers d'esprit, comme un trouble mental, — l'esthétique nouvelle des touristes que l'ardeur de leur émulation a blasés sur tout un ordre de beautés vraies, charmantes, douces au corps comme à l'âme, très sympathiquement appréciées et de l'homme naturel et des sages classiques nos pères, mais qu'on affecte de dédaigner aujourd'hui parce qu'elles n'offrent point de sublimes horreurs et d'occasions pittoresques de se rompre le cou.

13

Du domaine de la nature élevons-nous à celui de l'esprit.

Schiller considérait le jeu, c'est-à-dire l'activité s'exerçant *inutilement*, comme l'épanouissement suprême du génie de l'homme, comme le point de perfection par où la vie humaine touche à la vie et à la puissance divine. Non, répondent MM. Guyau et Reymond, le plus noble exercice de l'activité humaine n'est pas le jeu ; c'est l'effort utile, le travail. Le jeu n'est lui-même qu'une imitation, une parodie du travail ; il n'a pas l'existence indépendante, la souveraine liberté qu'on lui attribue ; il a besoin de justification et d'excuse : pour qu'on lui pardonne et pour qu'il plaise, il faut qu'on y voie une expansion légitime de l'activité, une sorte de détente nerveuse, *utile* et bonne à son heure.

Le travail, qui a un but rationnel, n'est pas en lui-même moins esthétique que le jeu, qui est sans but utile, et, dans bien des cas, il l'emporte manifestement en beauté. Contemplez des rameurs penchés en avant et se rejetant en arrière par un mouvement régulier, un bûcheron attaquant un chêne et brandissant la cognée de ses muscles raidis, ou ce faucheur dont l'ardeur magnifique et l'élégante adresse ont inspiré au grand romancier Tolstoï un inoubliable tableau (1). « Nous voici bien loin du jeu, car tous ces hommes poursuivent une fin déterminée ; le rythme qui règle leurs mouvements et les assouplit ne s'explique lui-même que par la recherche du but et la tension de toutes leurs forces vers ce but unique. » Loin de nous choquer, « l'effort est une condition de l'intérêt que nous portons à leur travail » ; car « un mouvement dont nous connaissons la direction et dont nous pouvons constater la réussite nous intéresse toujours plus qu'un mouvement sans objet », tandis qu' « il déplaît à l'intelligence », dit Guyau avec force, « de voir l'inutile pris comme but par la volonté ». À l'aphorisme de Schiller : « L'homme n'est complet que là où il joue », nos auteurs opposent donc cette conclusion fière et stoïque : « L'homme n'est complet que là où il travaille. »

Une des conséquences de la théorie du jeu, c'est de faire regarder la fiction comme supérieure à la réalité. Guyau n'admet pas cet ordre de prééminence ; il voit dans l'art un effort impuissant pour produire la vie : « Les Michel-Ange et les Titien, dit-il encore énergiquement, sont des Jéhovah manqués », et il montre les résultats absurdes auxquels on arrive quand on prend pour une qualité essentielle ce qui est une faiblesse de l'art humain :

(1) *Anna Karénine.*

Supposez les grandes scènes d'Euripide et de Corneille vécues devant vous au lieu d'être représentées ; supposez que vous assistiez à la clémence d'Auguste, au retour de Nicomède, au cri sublime de Polyxène : ces actions ou ces paroles perdront-elles donc de leur beauté pour être accomplies ou prononcées par des êtres réels, vivants et palpitants sous vos yeux ? Cela reviendrait à dire que tel discours de Mirabeau ou de Danton, improvisé dans une situation tragique, produisait moins d'effet esthétique sur l'auditoire qu'il n'en produit sur nous... Nous aurions plus de plaisir à traduire Démosthène que les Athéniens n'en ont eu à l'écouter ! De même, c'est à son marbre et à son immobilité que la *Vénus* de Milo devrait d'être belle ; si ses yeux vides se remplissaient de la lumière intérieure et si nous la voyions s'avancer vers nous, nous cesserions de l'admirer !

La doctrine de l'art pour l'art réduit l'émotion esthétique à un plaisir purement contemplatif, sans influence sur la vie morale et active : Guyau constate, au contraire dans l'art une puissance excitante tendant à produire des actions de même nature que celle qu'il exprime, mais permettant aussi de substituer à l'action indiquée telle ou telle autre qui se trouve mieux d'accord avec nos sentiments actuels :

Quand nous sommes émus par une marche guerrière, nous éprouvons quelque impatience à être assis, nous avons besoin de marcher, de courir même, de chercher un ennemi à combattre... L'émotion esthétique la plus vive se rencontre chez ceux où elle *se réalise* immédiatement en actes : les Spartiates sentaient mieux toutes les beautés des vers de Tyrtée, les Allemands ceux de Kœrner ou d'Uhland, lorsque ces vers les entraînaient dans le combat; les volontaires de la Révolution n'ont probablement jamais été plus émus par la *Marseillaise* que le jour où elle les souleva d'une haleine sur les collines de Jemmapes.

Cette idée sérieuse de l'art conduit logiquement Guyau non seulement à estimer moins, mais à condamner, en dernière analyse, tout emploi du talent poétique sans but extérieur à lui-même. Il veut que l'artiste tâche de réveiller en nous, « d'une part, les *sensations les plus profondes* de l'être ; d'autre part, les *sentiments les plus moraux* et les *idées les plus élevées* de l'esprit... Ce qui, dans l'art, est superficiel et blâmable, c'est le jeu de l'imagination pour l'imagination même... Rien de moins esthétique que le frivole. »

En vertu des mêmes considérants, M. Reymond propose une nouvelle classification des arts :

On fait, écrit-il, deux parts dans les lettres, une seule méritant d'être classée parmi les beaux-arts : elle comprend les œuvres des poètes et des artistes d'imagination. Cette singulière division est une preuve de l'insuffisance des principes adoptés. Lorsqu'on estime que le beau est un pur divertissement, sans liaison avec l'utile et le nécessaire, on est inévitablement conduit à donner le nom d'œuvre d'art aux œuvres dépourvues d'utilité. Et ainsi on refuse ce titre à l'éloquence, à l'histoire, à la philosophie, de telle sorte que l'esthéticien devrait s'occuper des moindres chansonnette, des vaudevillistes, de toutes les fadaises des romanciers, est qu'il ne pourrait parler de Montaigne, de Pascal, de Bossuet ou de la Bruyère : c'est étrange ! Et cette division, qui est presque universellement admise, a pour conséquence de chasser de l'art précisément toutes les œuvres dont l'humanité s'honore le plus, pour ne conserver que les plus insignifiantes et les plus corrompues... Pour nous, les plus grandes œuvres d'art seront *les plus utiles*, celles qui correspondent aux questions vitales de l'humanité ; les moins belles seront les plus insignifiantes, les plus inutiles... La couronne du poète, nous la poserons sur le front d'un Bossuet, et nous la refuserons à ces milliers d'ouvriers qui se croient artistes parce qu'ils comptent des syllabes et, à défaut de pensées, agitent des grelots au bout de leurs phrases.

Cependant, M. Reymond est obligé de convenir qu'à la différence du poète, ni l'orateur, ni l'historien, ni le philosophe ne sont de purs créateurs, et qu'ils ne jouissent pas de la libre et toute puissante disposition de leur matière, puisque l'orateur a une certaine chose à démontrer, puisque l'historien doit raconter ce qui s'est passé et non ce qu'il estime le plus beau, puisque l'austère vérité interdit au philosophe tout autre souci que celui d'elle-même. Cette différence, — où notre auteur ne voit qu'une infériorité légère du côté de l'éloquence, de l'histoire et de la philosophie, — est essentielle, à notre avis, et suffit pour maintenir l'ancienne classification des arts telle qu'elle a été établie ou confirmée par Platon, par Hegel, par Victor Cousin, par tous les esthéticiens anciens et modernes en général.

Mais, sans prendre définitivement congé de nos ingénieux et généreux adversaires de l'art pour l'art, — dont j'aurai encore à citer plus d'une idée juste et profonde — il est temps que je mette un terme à d'interminables débats et que j'essaie enfin de tirer de ce conflit sans issue ma propre conclusion.

IV

14

Le lecteur des chapitres précédents me rendra cette justice qu'en faisant s'entre-choquer les deux doctrines adverses de *l'art pour l'art* et de *l'art utile*, je ne les ai point obstinément opposées l'une à l'autre dans leurs aspérités tranchantes et irréconciliables. Partout, au contraire, où j'ai rencontré des partisans éclairés et raisonnables, soit de l'une soit de l'autre thèse, je me suis plu à faire valoir les nuances, les atténuations, les réserves propres à ménager les moyens d'une commune entente à égale distance des deux extrêmes. Si les simples littérateurs se sont souvent enferrés dans la discussion qui nous occupe, il n'est pas un philosophe digne de ce nom qui ne s'y soit engagé avec prudence, étant bien persuadé, en principe, de la haute sagesse de ces paroles d'Herbert Spencer et tâchant de les oublier le moins possible en fait : « Il faut que chaque parti ou chaque école reconnaisse dans les prétentions de l'autre des vérités qu'il n'est pas permis de dédaigner... C'est le devoir de chaque parti de s'efforcer de comprendre l'autre, de se persuader qu'il y a dans l'autre un élément commun qui mérite d'être compris et qui, une fois reconnu, serait la base d'une réconciliation complète. »

On ne doit d'ailleurs ni espérer ni souhaiter que la dispute prenne fin. C'est la faiblesse et c'est le charme de l'esthétique de n'être point une science exacte ; aussi continuerons-nous toujours de la voir, pour notre plus grand plaisir, préférer aux procédés simples et uniformes d'une démonstration déroulée sans obstacle et sans lutte, les allures piquantes et obliques d'une petite guerre sans cesse recommençante contre des adversaires qu'elle se forgerait au besoin plutôt que de se dessaisir d'un objet si commode.

Mais si la querelle se renouvelle et se perpétue, si le problème est remis continuellement sur le tapis, c'est parce qu'on le veut bien ; car, en toute franchise, la solution n'est pas un mystère enveloppé sous de triples voiles, et ce n'est point une révélation que je vais faire au monde en la mettant une fois de plus au jour.

Ouvrons tout simplement l'ouvrage classique de Charles Lévêque, *la Science du Beau*, et lisons ce qu'il répond à Platon prétendant réduire, ou (si l'on veut) élever l'art, à la fonction d'éducateur social :

Le but direct de l'art, c'est le beau, rien que le beau. Le but de l'art, ce n'est ni la religion, ni la morale, ni la politique, ni ces trois choses à la fois. En exprimant le beau au moyen de ses formes les plus idéales, il sert, il est vrai, efficacement, quoique indirectement, la religion, la morale et la politique ; car il agrandit les âmes, il les règle et les élève à Dieu ; mais il le fait alors sans le vouloir, sans le chercher, ou du moins sans s'y astreindre à tout prix, et il conserve ainsi la libre énergie de l'inspiration. Qu'au contraire l'art se confonde avec la religion, par exemple, il arrive infailliblement l'un de ces deux graves inconvénients : ou bien c'est l'art qui est plus fort et, dans ce cas, il absorbe la religion, il l'entraîne avec lui où qu'il aille, il ploie les dogmes, il les fausse, il les pétrit et les arrange au gré de son imagination ; ou bien c'est la religion qui est la plus forte, et, usant de sa force dominatrice, elle enveloppe l'art, elle l'enlace, elle l'enchaîne enfin à l'immobilité de ses dogmes et aux formes immuablement hiératiques de son culte. Même danger pour l'art, si c'est à la morale ou à la politique qu'on l'a asservi.

Voilà la vérité, non sans doute avec toute l'ampleur de développement, toute la minutie d'explications qu'elle comporte, mais dans son fond essentiel. L'art est libre, il est roi ; il ne peut, sans abdiquer ses droits souverains, se mettre de propos délibéré au service d'aucune puissance morale et recevoir docilement ses ordres.

Cependant, il faut bien qu'il prenne *quelque part*, *en dehors de lui*, les idées, les faits, les objets, les sentiments dont il s'inspire, la matière à laquelle il donne la forme : or, il se trouve qu'à mérite égal d'exécution, la valeur esthétique de ses œuvres nous paraît d'autant plus élevée qu'elles présentent un plus grand intérêt moral.

On sent dès lors qu'au fond de tout le bruit qu'a fait et fera encore la controverse il pourrait bien n'y avoir qu'une vaine dispute de mots : car enfin il sera toujours sans inconvénient qu'un artiste se dise le serviteur de la religion, de la politique, de la patrie, du progrès social, et même qu'il serve effectivement et directement ces grandes causes, pourvu qu'elles l'inspirent et, loin de le gêner, l'affranchissent et lui donnent des ailes. Qu'un Corneille mette naïvement son génie au service d'une foi qu'il chérit ; qu'un Voltaire s'empare de la scène pour annoncer au monde l'évangile de tolérance, de justice et d'humanité dont il s'est fait l'apôtre ; qu'un Victor Hugo le suive, le continue et qu'il implore la pitié des grands et des heureux pour les petits et pour les misérables ; qu'un Dumas fils enfin prenne la cause des victimes de certains préjugés sociaux : non seulement cela est permis, mais cela est excellent, si Corneille, Voltaire, Hugo et Dumas puisent dans l'idée qui leur tient à cœur une inspiration sincère et puissante.

Mais ce qui est mauvais et contraire à l'art, c'est le but didactique froidement fixé d'avance et froidement poursuivi ; c'est la thèse, morale, sociale ou religieuse, pédantesquement développée pour l'instruction des hommes, à la façon de ce vulgarisateur des grandes découvertes modernes exposant, dans son théâtre scientifique, l'invention de l'imprimerie ou celle du bateau à vapeur. Toute œuvre ainsi conçue, *puis* exécutée avec une méthodique sagesse, dans le dessein de nous instruire ou de nous édifier, peut, entre les mains d'un homme industrieux, réussir et atteindre en effet le but honorable qu'elle vise ; mais elle est fatalement anti-poétique, le prosaïsme consistant ici en ce que l'invention se compose de deux moments séparés et successifs au lieu d'être une et simultanée.

L'inspiration vraie manque à l'artiste qui procède ainsi *en deux temps*, de même que la véritable imagination poétique fait défaut à l'écrivain qui traduit ingénieusement ses idées en figures. La critique littéraire a compris, de nos jours, que l'image proprement poétique ne doit jamais être une traduction, si ingénieuse soit-elle, du langage abstrait dans le langage concret ; elle doit être une vision instantanée, une sensation immédiate. Pareillement, il faut que la pensée quelle qu'elle soit, exprimée par le poète, fasse partie intime, intégrante de son être moral ; il faut qu'elle le remplisse tout entier, qu'elle l'anime et l'*inspire*, et ne soit pas seulement l'objet extérieur d'une démonstration plus ou moins habile, mais toujours un peu froide.

Est-il nécessaire d'établir : premièrement, que l'art a besoin d'une matière ; secondement, que la matière dont l'artiste fait choix n'est point indifférente et que sa valeur esthétique est en proportion de son intérêt moral ? Oui, cela est devenu nécessaire, tant les erreurs les plus bizarres ont altéré aujourd'hui, sur l'un et l'autre point, la simple et élémentaire vérité !

15

Dans de beaux vers adressés *Au statuaire David*, Victor Hugo a dit avec une grande force de sens et d'expression :

> La forme, ô grand sculpteur, c'est tout et ce n'est rien !
> C'est tout avec l'esprit, ce n'est rien sans l'idée.

Les jeunes extravagants qui ont imaginé, un jour, de faire des vers en se passant d'idée, d'esprit, de sentiment, ont apparu, dans l'histoire de la poésie contemporaine, d'abord sous le nom de *parnassiens*. Avant de les voir à l'œuvre, on n'avait pas cru qu'il fût possible d'exagérer l'importance de la forme, puisque la forme en art est capitale, puisque, sans la forme, rien n'existe dans le domaine du beau et que les plus hautes pensées demeurent ensevelies dans le chaos embryonnaire

> Avec le fruit conçu qui meurt avant d'éclore
> Et qui n'a pas vu le soleil (1).

L'exagération a commencé lorsqu'on a prétendu que la forme se suffisait à elle-même. On l'a prétendu, mais on

(1) Lamartine.

ne l'a pas prouvé ; car les *parnassiens* ont quelquefois écrit de jolies pièces, et il est toujours arrivé que leurs jolies pièces, en dépit de leur absurde théorie, exprimaient *quelque chose*. Seulement, ce quelque chose était un *minimum*. Comme, d'une part, ils enseignaient que la forme est l'alpha et l'oméga de l'art ; comme, d'autre part, ils étaient forcés, par la constitution même de l'esprit et du langage humain, de mettre derrière les mots ou les signes une chose signifiée, ils ont adopté un moyen terme : laissant les grands sujets aux vieux bavards — tels que Corneille et Victor Hugo, — ils ont pris pour eux les petits, les plus voisins possible de l'insignifiance absolue, et ils se sont naïvement persuadés qu'en les revêtant d'une forme impeccable, ils égaleraient au moins Victor Hugo et Corneille.

Mais, après eux, sont venus d'autres novateurs, bien plus hardis et bien plus logiques, les *décadents* : pleins de mépris pour le compromis timide des *parnassiens* et trouvant avec raison que leurs vers, encore trop expressifs, ne constituaient pas dans la poésie française un genre suffisamment neuf, après les bagatelles de l'école de Marot et les puérilités descriptives de l'école de Delille, ils ont eu jusqu'au bout le courage de leur opinion et la gloire singulière d'écrire, — les premiers dans notre langue, — des vers qui ne veulent rien dire du tout.

Lorsqu'on lit dans l'opuscule de M. Marcel Reymond ces deux lignes pleines de sens : « La forme en art tire surtout sa valeur de sa faculté expressive ; elle est belle précisément parce qu'elle permet à l'homme d'exprimer quelque chose », on est frappé comme par un trait de lumière, et pourtant la proposition est élémentaire presque jusqu'à la naïveté ; mais, dans l'obscure confusion d'idées qui résulte du débordement des sophismes et des paradoxes, la moindre parole de bon sens brille aujourd'hui comme un éclair.

Si le fond n'existe pas sans la forme, il n'est pas moins juste de dire que la forme n'existe pas sans le fond : les insanités pures des décadents, venant mettre un comble logique aux jeux frivoles des parnasssiens, le prouvent mieux que tous les raisonnements. Le fond est inséparable de la forme, comme l'âme ou le souffle vital est inséparable du corps animé ; si de bons esprits n'ont pas toujours bien entendu une corrélation si étroitement intime qu'elle va jusqu'à l'identité, c'est parce qu'ils ont été éblouis par le grand prix de la forme, qui est inestimable, en effet, et qui a pu leur cacher l'importance réelle de l'idée, dont la forme n'est pourtant que la splendeur visible (1).

Une erreur commune est de prendre la simplicité du sujet pour l'absence de sujet. Fromentin écrit, par exemple : « Une chose vous frappe quand on étudie le fond moral de l'art hollandais, c'est l'absence totale de ce que nous appelons *un sujet.* » J'aime à croire que l'auteur des *Maîtres d'autrefois* consigne ici sans critique le jugement du vulgaire plutôt qu'il n'exprime son propre jugement, car il faudrait alors le renvoyer à une page spirituelle et charmante du *Cours d'esthétique* de Hegel, sur la profonde signification morale de l'art hollandais, sur la façon très originale dont le caractère de cette nation flegma-

---

(1) Gustave Flaubert avait trop profondément réfléchi sur l'art pour qu'on ne rencontre pas, au milieu des paradoxes dont il égayait sa conversation et sa correspondance, quelques paroles de grand sens, qui réduisent ceux-ci à leur juste valeur. Il écrivait à Louis Bouilhet en 1850 : « Nous avons un orchestre nombreux, une palette riche, des ressources variées... Ce qui nous manque, c'est le principe intrinsèque, c'est *l'âme de la chose*, l'idée même du sujet... Où est *le cœur*, la verve, la sève ? »

tique et brave, bonnement épicurienne et fièrement jalouse de sa liberté, se manifeste dans sa peinture de genre.

Un sujet, pour être bon et solide, n'a pas du tout besoin d'être ingénieux ; il arrive, au contraire, le plus souvent, que la recherche de l'ingénieux et du neuf va de pair avec la pauvreté réelle du fond. Les parnassiens sont ingénieux, et rien ne contribue davantage que l'insignifiante et pénible bizarrerie de quelques-unes de leurs inventions à trahir l'indigence de la pensée chez ces jeunes gens, l'épuisement de toutes les sources des sentiments simples et sains. L'excès du raffinement dans la pensée, le dégoût des idées connues et communes aboutit, par une pente fatale, à l'anéantissement de la pensée même, et voilà comment il se fait que ces impassibles soient des jongleurs à la fois prestigieux et stupides, virtuoses sans cervelle, doublement chers aux esprits malades par leur vide et par leur étrangeté. « Ils sculptent, a dit Amiel, des urnes d'agate et d'onyx ; mais que contiennent ces urnes ? de la cendre... J'éprouve avec intensité la répugnance que cette école poétique inspire aux braves gens. On dirait qu'elle n'a souci de plaire qu'aux blasés, aux raffinés, aux corrompus, et qu'elle ignore la vie saine, les mœurs régulières, les affections pures, le travail rangé, l'honnêteté et le devoir. »

Il a suffi à plus d'un grand peintre, à plus d'un grand sculpteur, pour conquérir l'immortalité, de faire une Vierge ou une Vénus ; et, pour que le néant ne touche point à Raphaël,

C'est assez d'un enfant sur sa mère endormi (1).

Prétendra-t-on que ces sublimes artistes aient manqué de *sujet* ? Et, cependant, quelle était chez eux la part d'ingénio-

(1) Alfred de Musset.

sité inventive? Les seules mauvaises fables de La Fontaine sont celles que de lui-même il a imaginées : La Fontaine est-il donc vide de pensée ou de sentiment, et oserait-on bien dire qu'un poète de si grand prix n'a de précieux que son admirable forme ? Les tragédies de Racine sont faites *avec rien*, en ce sens que le sujet n'en est point extraordinaire ni compliqué, mais non pas en ce sens que la matière leur manque, puisque c'est l'éternel cœur humain qui en fait toujours le fond substantiel. Le plus pathétique peut-être de tous les drames, l'histoire de Marguerite et de Faust, est, comme invention, ce qu'un poète a jamais imaginé de plus trivial; mais je ne suppose pas que personne range un penseur tel que Gœthe au nombre des artistes sans philosophie.

En poésie, il n'existe point d'œuvre véritablement belle qui n'ait un sujet ou un fond exactement proportionné à la forme (1) ; s'il faut admettre dans les arts plastiques quelques exceptions à cette règle, s'il faut avouer qu'on rencontre, dans nos expositions de peinture, des sujets absolument insignifiants traités avec une telle maestria que nous ne pouvons retenir à leur aspect un cri d'admiration, je ne me troublerai point pour si peu ; je constaterai seulement qu'à mérite égal les formes expressives de quelque chose d'intéressant nous attirent et nous satisfont toujours davantage ; que nous éprouvons une espèce de pudeur à trop vanter ce qui ne signifie rien, — et je demanderai aux prôneurs intrépides des natures mortes, des études de bouteilles, de tapis, de chaudrons, ce qu'ils penseraient eux-mêmes de l'art contemporain, le jour où un

(1) Une analyse plus approfondie distingue le *fond* et le *sujet*. Voyez, sur cette distinction, *La dernière pensée morale et religieuse de Victor Hugo*, dans mes *Sermons laïques ou propos de morale et de philosophie*. (Fischbacher 1906, p. 48.)

Salon s'ouvrirait pour n'offrir partout à nos yeux que ces
sortes d'ouvrages !

16

La nécessité d'un sujet pour l'artiste étant démontrée,
— ou plutôt étant évidente, — il reste à faire voir que les
sujets sont plus ou moins bons, et que les meilleurs, esthéti-
quement, sont ceux qui offrent un sérieux intérêt moral.

Laissons de côté les arts plastiques, qui demanderaient,
dans cette discussion, un chapitre spécial et qui, d'ailleurs,
ne sont pas de notre compétence. Le malentendu entre les
littérateurs et les artistes provient de ceci, que les premiers, par suite de leur éducation littéraire, tendent naturellement à réduire la beauté à quelque chose de trop
spirituel, consistant moins dans les qualités de l'être extérieur et physique que dans celles de l'être sensible et
pensant, tandis que les sculpteurs et les peintres consi-
dèrent avec raison leur art comme représentatif avant tout
des corps en général et particulièrement du corps humain.
Ce n'est pas que je croie que la vérité en matière de beau
pittoresque et plastique puisse présenter, au fond, quelque
contradiction avec la vérité en matière de beau littéraire;
mais les termes des deux questions diffèrent trop pour
qu'on les fasse rentrer commodément l'une dans l'autre,
et c'est pourquoi, réservant expressément les arts de la
forme et du dessin, je me limite ici à la littérature.

Pourquoi un écrivain fait-il toujours bien de choisir un
sujet *moral*, c'est-à-dire (car je n'ai pas peur de mon opinion) un sujet qui offre non seulement l'intérêt intellectuel d'une étude de psychologie ou de mœurs, mais encore
l'utilité pratique d'une leçon implicitement donnée au lecteur pour instruire sa conscience, diriger sa conduite,

fortifier son âme ? Pourquoi ? Par une raison bien simple
et toute semblable à celle qui, en nous commandant d'être
honnêtes pour faire notre devoir, nous le conseille aussi
dans notre intérêt bien entendu : afin que nous jouissions
des avantages attachés à l'estime et à la considération des
autres hommes. Songez, si vous l'osez, au triage effrayant
que la postérité fera parmi toute cette écriture qui nous
charme et nous enchante aujourd'hui : qu'espérez-vous
donc qu'elle fasse de ce qui ne peut lui servir à rien,
de tant d'ouvrages agréables, mais d'un agrément éphé-
mère, et dépourvus d'un fond assez solide pour résister
aux changements de goût des générations successives ?

Entre une pièce de Victor Hugo où il y a quelque chose et
une pièce de M. X..., tout aussi bien versifiée, mais où il
n'y a rien, la postérité choisira sûrement la pièce de Victor
Hugo ; et entre deux pièces de Victor Hugo, significatives
toutes les deux, mais dont l'une développe une idée
bizarre, l'autre une vérité simple et saine, éternelle, — c'est
non moins sûrement la seconde que la postérité choisira.

« Je défie, a dit Dumas fils, qu'on me cite un seul écrivain
consacré par le temps, qui n'ait pas eu pour dessein *la plus-
value humaine.* » Quand l'auteur du *Fils naturel* s'exprime
ainsi, il a deux torts : le premier est de se permettre un
français détestable ; le second est de prêter aux grands
écrivains créateurs un dessein formel qu'il n'est nullement
nécessaire de leur attribuer et dont il vaut même beaucoup
mieux ne pas leur supposer la claire conscience, car le
vrai poète agit par inspiration et non point par calcul ;
mais, ces deux réserves faites, Dumas fils a raison. Les écrivains consacrés par le temps ont tous enrichi de quelque
bien réel le trésor moral de l'humanité. Tout ce qui est
inutile, comme tout ce qui est nuisible, est condamné à
périr et à disparaître. L'humanité suit sa voie, qui est celle

du progrès ; elle n'a point de temps à donner aux écrits
frivoles qui ne lui apprennent rien, et elle s'éloigne instinctivement des écrits immoraux qui, au lieu d'un principe
de vie, contiennent un germe mortel, funeste à l'essor
de l'espèce comme de l'individu.

« Pour être dans l'éternel, écrit Guyau avec simplicité et
avec force, il n'est pas bon de se placer dans l'immoralité » ;
et M. Reymond ose même ajouter que « tout écrit immoral
est nécessairement le fait d'un esprit inférieur », c'est-à-dire,
si je comprends bien toute l'étendue de sa pensée, le fait
d'un individu singulier qui recule pendant que l'homme
marche, le fait d'un insensé qui aspire à redescendre dans
les bas-fonds de l'animalité primitive pendant que l'humanité monte vers l'idéal et vers la lumière.

Les raisons de préférer ce qui est moral à ce qui est
immoral, en d'autres termes le progrès à la décadence et la
vie à la mort, ont donc, elles aussi, une évidence axio-
matique.

Mais il faut prendre garde de transformer cette évidence
en un enfantillage, en une naïveté digne de Berquin,
et c'est ce qui arriverait si l'on pouvait, un seul instant,
supposer que nous prétendons réduire l'art à la représentation exclusive des personnages, des sentiments et
des actes moraux. Idée absurde et puérile, non seulement
parce que le bien a besoin de l'opposition du mal comme
la lumière a besoin de l'ombre, mais parce que l'immoralité
elle-même peut avoir son ordre de beauté, utile pour
l'instruction de l'homme intelligent : « Gardons-nous,
disait Gœthe avec un grand sens, de ne chercher les éléments de notre développement que dans ce qui est parfaitement pur et moral. Toute œuvre qui a un caractère de
grandeur nous forme dès que nous savons voir en elle ce

qui est grand »; et, comme exemple, Gœthe citait son grand contemporain Byron : « La témérité, l'audace, le grandiose de Byron, est-ce que tout cela ne sert pas d'une façon heureuse à notre développement moral ? »

Corneille parle, quelque part, de certains « crimes accompagnés d'une grandeur d'âme qui a quelque chose de si haut, qu'en même temps qu'on les déteste, on admire la source d'où ils partent ». Jean-Paul a fait cette remarque profonde, qu'il n'y a d'intéressant dans un criminel que la qualité par laquelle il se rapproche de la vertu : son courage, sa force d'âme ou sa franchise. C'est ainsi que beaucoup de sentiments immoraux présentent un élément moral qui est le principe même de leur caractère esthétique : la passion de la vengeance, par exemple, n'est souvent qu'un amour égaré et furieux de la justice ; la colère n'est qu'une forme inférieure de l'indignation ; l'envie enveloppe un sentiment d'égalité (1).

Le mépris moral complet et sans compensation produirait, à coup sûr, a dit Hegel, le dégoût esthétique. C'est devenu presque un lieu commun de citer dans la littérature la vaillance personnelle et l'honneur chevaleresque de don Juan, l'héroïsme guerrier de Pâris « semblable aux dieux » la belle intrépidité des monstres sanguinaires de Shakespeare, la divine hauteur d'âme du poète Lucrèce, maté, rialiste et athée, les nobles sentiments et les remords amersque Musset ou Villon mêlent à la débauche, enfin tout ce qui fait voir que, jusque dans le vice, le blasphème et le crime,

L'homme est un dieu tombé qui se souvient des cieux.

(1) Voyez encore GUYAU, *Problèmes de l'esthétique contemporaine,* p. 51 (Paris, F. Alcan).

17

Mais cette annexion d'une province considérable à l'empire de l'art est-elle suffisante ? Le domaine de l'art a-t-il assez d'étendue, sa liberté est-elle assez grande quand on lui a permis de représenter, avec tout ce qui est moral, tout ce qui garde, dans l'immoralité, quelque signe d'une origine et d'une destination plus élevée ?

Non, cela ne suffit point encore. Il faut affranchir l'art complètement et lui donner un espace illimité comme l'univers. Il faut admettre sans hésitation le grand principe réaliste, que tout ce qui est dans la nature est aussi dans l'art. Il faut répéter, après Shakespeare, que l'art est un miroir présenté à la nature humaine, montrant à la vertu ses propres traits, à l'infamie sa propre image, à chaque chose enfin, belle ou laide, sa figure et son empreinte. Et c'est maintenant que nous trouvons la place d'une pensée de Corneille, judicieuse et profonde, dont j'avais ajourné le commentaire : « La seconde utilité du poème dramatique se rencontre en la *naïve peinture des vices et des vertus*, qui ne manque jamais à faire son effet quand elle est bien achevée et que les traits en sont si reconnaissables qu'on ne peut les confondre l'un dans l'autre, ni prendre le vice pour vertu. »

Si l'art est *parfaitement vrai*, il ne sera jamais immoral, à moins qu'on ne prétende que la nature est immorale ; mais l'immoralité consiste dans une préférence de la volonté pour ce qui est mal, et la nature est indifférente.

Gardons-nous de confondre l'immoralité avec le cynisme. En littérature, le cynisme n'est qu'un excès de franchise et de crudité dans l'expression des réalités de la nature. L'excellent Rabelais, pour prendre l'exemple le plus illustre, est cynique avec joie, ivresse, débordement ;

STAPFER 6

mais son œuvre est moralement inoffensive et n'a jamais fait le moindre mal(1). Presque tous les grands auteurs sont plus ou moins cyniques, parce qu'ils méprisent nos pudeurs hypocrites et ridiculement effarouchées. Schiller est allé jusqu'à dire : « Le vrai génie n'est jamais décent, car la corruption seule est décente. »

L'élément corrupteur, immoral, d'une œuvre d'art réside non pas dans la vérité cynique avec laquelle le poète représente le vice, le crime ou la passion, mais dans les tendances secrètes ou les doctrines avouées qui se mêlent dans son œuvre à la représentation objective des choses ; là où il n'y a ni doctrine ni tendance, rien de plus que la vérité toute nue, il ne saurait y avoir d'immoralité. Au fond, la morale n'a pas d'amis plus compromettants que ces fougueux apôtres, qui, dans leur zèle contre le dilettantisme de l'art pour l'art, trouvent que ce n'est pas assez pour le poète de peindre la nature et veulent en outre qu'il tienne école de morale ; car dans la chaire de professeur abusivement offerte à l'artiste, le sophisme et l'erreur manquent rarement de s'installer, et ce n'est pas seulement l'art qui est en souffrance, — étant dénaturé également, selon la remarque de Scherer, par l'intention corruptrice et par l'intention pieuse, — c'est la morale elle-même qui court les plus grands dangers. Rousseau est immoral, Diderot est immoral ; Alexandre Dumas fils, malgré ses éloquentes protestations de service public et son très réel désir d'être utile à la société, a pu quelquefois prêter à des créatures dignes de pitié, mais d'une pitié sévère, un attrait sympathique qui n'est pas sans péril, ou mettre dans la bouche

(1) On peut même dire que Rabelais fait du bien. Le rire de la gaieté est, par lui-même, sain pour l'âme comme il l'est pour le corps ; dissipant toute impression sérieuse, il réduit à néant ces deux choses d'un sérieux tragique le *mal* et la *passion*.

de ses prétendus sages des maximes sujettes à caution :
Shakespeare et les autres poètes, *s'il y en a*, qui se sont
contentés de tenir « un miroir » devant « la nature », ne
sont point immoraux (1).

18

Malheureusement, *il n'y en a guère.* La *vérité*, — que
Gœthe prisait au point de ne rechercher qu'elle, de souhaiter qu'il ne fût jamais question que d'elle dans nos discus-
sions sur les choses de l'art, — est dans la littérature repré-
sentative ce qu'il y a de plus rare, de plus inouï, de plus
introuvable à l'état pur. C'est un idéal dont deux ou trois
poètes se sont approchés plus ou moins, mais qu'il est
impossible de réaliser parfaitement.

L'impossibilité tient, en effet, à la constitution même de
notre esprit. Nous ne voyons point les choses telles qu'elles
sont ; nous les voyons telles que l'œil du corps ou l'œil de

(1) Mais, de ce qu'une œuvre n'est pas immorale en soi, il ne s'en-
suit point qu'elle puisse être mise impunément sous les yeux ou
entre les mains de tout le monde. Les nudités de l'art et de la nature n'ont rien d'immoral par elles-mêmes : dira-t-on que le spectacle en est sans danger ? La solution de la question esthétique
laisse donc entière la question, toute différente, que la science
de l'éducation peut venir poser à son tour. C'est en se plaçant à
ce point de vue pédagogique que M. Petit de Julleville oppose le
démenti le plus net à la théorie que nous essayons de développer
d'après Corneille, et que Flaubert *résume* en ces termes : « Du moment qu'une chose est vraie, elle est bonne. Les livres obscènes
ne sont même immoraux que parce qu'ils manquent de vérité. » —
« Peut-on, sous prétexte de vérité, demande M. Petit de Julleville, trou-
bler la pudeur et offenser les chastes oreilles, quelquefois même les
chastes regards ? Nous sommes très loin de le croire ; nous ne
pensons pas du tout que ce genre d'impudeur soit moralement
inoffensif ; pour tout dire, nous pensons, au contraire, que le mal
possède en lui-même un si honteux attrait qu'il ne suffit pas d'en
montrer la laideur pour le faire haïr. » (*La Comédie et les Mœurs en
France au moyen âge.*) M. Fonsegrive, reprenant la question non

la pensée les façonne à notre insu. « La science contemporaine démontre ce que soupçonnait déjà le vieux Démocrite : c'est nous qui créons la lumière, les odeurs, les saveurs, qui revêtons de couleurs les ténèbres de l'univers et qui animons son silence des bruits qui nous sont intérieurs (1). »

Cette altération inconsciente des choses, inévitable dans l'ordre physique, ne l'est pas moins dans l'ordre moral. Le bon et le méchant, le libertin et l'ascète, l'homme dur et l'homme charitable, non seulement portent sur les mêmes personnes et sur les mêmes actes des jugements qui diffèrent du tout au tout, mais, avant de formuler leur appréciation, ils ne se font pas des mêmes choses la même représentation objective. Quiconque a l'âme bonne voit les pauvres humains, ses frères, sous un jour favorable, tandis que les esprits de malice sont portés à se représenter même le bien ou le beau sous un aspect qui le diminue.

plus en littérateur, mais en philosophe, va davantage au fond des choses et atteint, sur ce point très important, le dernier degré de précision et de clarté. « C'est une loi bien établie par la psychologie contemporaine », écrit-il dans un article sur la *Sapho* d'Alphonse Daudet dédiée par l'auteur à ses fils *quand ils auront vingt ans*, « que toute idée tend à sa réalisation... Se représenter une action, c'est déjà commencer à l'accomplir ; se la représenter avec une vivacité très grande, c'est la réaliser tout-à-fait. On conçoit dès lors l'influence que doit avoir sur les mœurs la représentation vive du vice ou de la vertu par tous les moyens dont dispose l'écrivain. La peinture éloquente du vice devra le représenter avec force à l'imagination du lecteur, et le vice tendra à se réaliser ; de même, la vertu représentée avec éloquence tendra aussi à se réaliser, et plus l'imagination du lecteur sera sensible. plus sera forte l'influence de la lecture. Or c'est chez l'enfant et l'adolescent (sans parler des femmes) que se rencontre au plus haut degré cette dernière condition. De là la nécessité reconnue par tous les moralistes de ne présenter aux enfants et aux jeunes gens que de bons exemples et d'éloigner de leur âme la connaissance même du mal. »

(1) M. Fonsegrive.

Tout est merveille pour le poète, a dit Amiel, tout est divin pour le saint, tout est grand pour le héros ; tout est mesquin, chétif, laid, mauvais pour l'âme basse et sordide. Le méchant crée autour de lui un pandémonium, l'artiste un olympe, l'élu un paradis que chacun d'eux voit seul. Nous sommes tous visionnaires, et ce que nous voyons, c'est notre âme dans les choses.

Chacun de nous, écrit aussi M. Paul Bourget, aperçoit non pas l'univers, mais son univers ; non pas la réalité nue, mais, de cette réalité, ce que son tempérament lui permet de s'approprier, et, en un certain sens, tout ouvrage d'imagination est une autobiographie... Notre pensée est un cachet qui empreint une cire et ne connaît de cette cire que la forme qu'il lui a d'abord imposée.

Comprenons bien ce paradoxe célèbre plein d'une signification si profonde : « Un paysage est un état de l'âme. » A combien plus forte raison ne peut-on pas dire la même chose de toutes les peintures du monde moral ! Et voilà pourquoi les lignes suivantes de Théophile Gautier sont si radicalement dépourvues de valeur : « Il est absurde de dire qu'un homme est un ivrogne parce qu'il décrit une orgie, un débauché parce qu'il raconte une débauche. » Non, cela n'est point absurde, bien que l'accusation puisse d'ailleurs se trouver injuste dans tel ou tel cas particulier ; mais conclure, en règle générale, du plaisir que prend un auteur à traiter certains sujets, que ces sujets lui plaisent, c'est plus qu'un raisonnement logique, c'est une tautologie.

Aussi rien n'est-il plus faible que la réponse des auteurs de romans et de drames accusés d'immoralité pour avoir étalé complaisamment certains tableaux corrupteurs, et qui allèguent, pour se justifier, que le vice reçoit enfin son châtiment. De quel poids pensent-ils donc que puisse être une catastrophe artificielle et vite oubliée, si l'imagination du lecteur reste sous l'influence et sous le charme de la volupté ? Ce n'est pas la catastrophe qui peut, après coup, apporter un correctif à la représentation du mal ; c'est le sentiment personnel d'un artiste honnête homme, franchement déclaré ou clairement entrevu dans la représentation même. Le proverbe vulgaire : « Dis-moi qui tu hantes, je te dirai qui tu es », peut être modifié ainsi à l'adresse du poète : En montrant quelles formes, quelles idées obsèdent ton imagination, tu fais voir l'homme que tu es.

La faillite des théories réalistes et naturalistes est aujourd'hui la meilleure démonstration de l'impuissance où est la littérature d'atteindre à l'absolue vérité objective. L'idéal du réalisme était beau : voir exactement, complètement, sans passion, les hommes et les choses, et les peindre de même. Mais demander une vue exacte et complète des choses aux organes imparfaits d'une créature bornée, attendre une sereine équité d'un homme qui sans doute n'aurait pas songé à prendre la plume si quelque passion ne l'y avait poussé (1), c'est vouloir une chose difficile jusqu'à l'impossibilité logique, jusqu'à la contradiction. Aussi le réalisme n'est-il qu'une belle doctrine ; les réalistes n'existent pas. L'école anglaise verse tantôt dans la caricature, tantôt dans le sermon ; l'école russe abuse un peu, à la longue, de la tendresse et de la vénération pour cette masse obscure de petites gens que Joinville appelait si gentiment « le menu peuple de Notre Seigneur » ; l'école française, au contraire, remplace la pitié pour les humbles par le sarcasme et l'ironie, et, au lieu d'une vérité large et humaine, affecte avec une étrange étroitesse, sous prétexte de réalisme, la brutalité des choses et des mots. Partout je vois des gens d'esprit qui

(1) Voy. là-dessus une page excellente de M. Emile Faguet *Études littéraires sur le dix-neuvième siècle*, p. 434.

interprètent la nature, partout des traducteurs qui gâtent ou embellissent le texte ; nulle part, des miroirs vrais.

19

Puisqu'il en est ainsi, puisque nous voyons l'univers tel que le crée notre âme, et qu'en croyant peindre le monde c'est nous-mêmes que nous représentons, avec quel soin ne devons-nous pas surveiller ce miroir intérieur qui, placé devant la nature, reflètera notre propre image ! et comme il nous faut prendre garde à l'idée qu'il donnera de nous !

> Que votre âme et vos mœurs peintes dans vos ouvrages
> N'offrent jamais de vous que de nobles images...
> Aimez donc la vertu, nourrissez-en votre âme...
> Le vers se sent toujours des bassesses du cœur.

Quand Boileau proclamait ces simples et fortes vérités, il se souvenait très probablement d'un éloquent passage du critique grec Longin, qu'il a lui-même traduit en ces termes :

> Sitôt qu'un homme, oubliant le soin de la vertu, n'a plus d'admiration que pour les choses périssables, il ne saurait plus élever les yeux pour regarder au-dessus de soi ni rien dire qui passe le commun; il se fait en peu de temps une corruption générale dans toute son âme; tout ce qu'il avait de noble et de grand se flétrit et se sèche de soi-même et n'attire plus que le mépris.

Le grand philosophe mystique d'Alexandrie, Plotin, a dit, dans un langage plus élevé encore :

> Rentre en toi-même et, si tu n'y trouves pas la beauté, fais comme l'artiste qui, pour embellir sa statue, retranche, enlève, épure et polit sans relâche... Jamais l'œil n'eût aperçu le soleil s'il n'en avait pris la forme; de même, si l'âme ne devient belle, jamais elle ne verra la beauté.

Les plus hautes beautés poétiques sont des beautés de l'ordre moral ; pour les apercevoir, et surtout pour les concevoir et pour les produire, il faut de toute nécessité avoir une âme qui soit à leur niveau. Le grand Corneille possédait une de ces âmes supérieures. De là vient que, sans avoir professé la doctrine de l'art utile aux hommes et bien même qu'il ait formellement protesté contre elle, son théâtre est une école sublime de moralité, et sa poésie resplendit d'une pureté plus irréprochable que celle de tant de poètes apôtres qui ont fait grand bruit du dévouement de leur plume au service de la société.

L'art littéraire du dix-septième siècle offre en général ce double caractère, de s'être désintéressé de tout but pratique et d'avoir atteint cependant, sans l'avoir cherché de dessein formé, simplement parce que c'était sa direction naturelle, le plus haut résultat pratique que puisse se proposer la poésie : l'instruction morale du lecteur. « Nos grands poètes classiques, a fort bien dit Guizot, en même temps qu'ils ne prétendaient point régir les sociétés en écrivant, aspiraient à tout autre chose qu'à divertir les hommes ; un amusement frivole et mondain était aussi loin de leur dessein qu'une propagande suspecte ou détournée ; modestes et fiers à la fois, ils ne demandaient aux lettres, pour le public comme pour eux-mêmes, que des jouissances intellectuelles ; mais ils portaient et ils provoquaient, dans ces jouissances, un sentiment profond et presque grave, se croyant appelés à élever les âmes en les charmant par le spectacle du beau, non à les distraire un moment de leur oisiveté ou de leur ennui. »

L'admiration morale, qui était l'idéal de Corneille, est le sommet où le beau et le bien, l'art et l'utilité se confondent. Platon a remarqué qu'il est impossible de s'approcher d'un bel objet avec admiration sans avoir envie de lui ressembler. C'est cette ambition généreuse qui suscite les grands hommes d'action, les patriotes, les saints, les héros, les martyrs, tous imitateurs enthousiastes de quelque modèle sublime ou divin (1).

Comme nous voilà loin du jeu et de l'ironie ! L'admiration, qu'elle soit produite par la poésie ou par l'histoire, par la vision d'un fait réel ou d'un fait imaginaire, correspond toujours à un jugement moral, chose sérieuse par excellence. Bien plus, elle marque en nous un commencement d'amélioration morale : nous nous sentons devenir meilleurs lorsque nous admirons ; nous sommes comme soulevés au-dessus de nous-mêmes et rendus soudainement capables d'efforts extraordinaires. Notre âme se porte à la hauteur de ce qu'elle admire. Nous voudrions être ce que nous contemplons, nous le sommes déjà dans une certaine mesure, et nous voyons avec émotion se confirmer par notre expérience la grande doctrine platonicienne, que voir le beau, c'est tout ensemble devenir meilleur et s'embellir intérieurement (2).

20

Si l'on me demandait de donner à toute cette causerie une conclusion pratique et de la résumer en deux conseils, l'un à l'usage de l'amateur, l'autre à l'usage de l'artiste, voici ce que je dirais à l'amateur :

Prends ton plaisir et ton profit partout où tu le trouves. Ne dédaigne pas les purs jeux de l'art, car ils ont leur prix, et l'école de l'art pour l'art a mis en pleine lumière deux grandes vérités: la souveraine liberté de l'art et l'importance capitale de la forme. Mais jouis et profite du

---

(1) Ch. Lévêque, *la Science du beau*, t. II.
(2) Guyau, *les Problèmes de l'esthétique contemporaine*, p. 53.

beau avec ton être tout entier ; n'aie point honte d'être
ému, et moins encore d'être édifié ; laisse-toi aller « de
bonne foi », comme le veut Molière, aux choses qui te
« prennent par les entrailles », et, entre toutes les belles
œuvres poétiques, reconnais, avec La Bruyère, les excellentes à ce signe, qu'elles « élèvent l'esprit » du lecteur et
lui inspirent « de nobles sentiments ».

Et voici ce que je dirais à l'artiste :

Ne suis que ton inspiration. Si tu sens en toi une âme
de prophète et d'apôtre, ne crains pas de mettre formellement ton art au service du vrai et du bien ; car cela ne
change rien au fond des choses, et l'art utile n'a pas plus
servi le bien et le vrai quand le feu sacré était absent, qu'il
n'a compromis le beau quand le feu sacré était là. L'essentiel est d'être inspiré. Mais que ton inspiration soit large
et qu'elle soit haute. Offre à l'esprit divin un digne sanc-
tuaire. Travaille — ce conseil tout personnel peut suffire — à
ton propre perfectionnement. Occupe-toi sans relâche,
selon le mot de Gœthe, de « faire de toi-même une plus
noble créature », un homme plus accompli ; et puis,
comme Gœthe aussi ajoute, *fais tout ce que tu voudras :*
on pourra toujours extraire de tes œuvres assez d'instruction morale, et celle-ci aura même d'autant plus de saveur
et de prix qu'elle ignorera sa propre présence et se cachera,
avec plus de discrétion, sous une forme purement
artistique.

1887.

UN PHILOSOPHE RELIGIEUX
DU DIX-NEUVIÈME SIÈCLE

PIERRE LEROUX

I

SA VIE MORALE

Une étude sur Pierre Leroux, racontant toute sa vie, analysant toutes ses œuvres, n'omettant dans sa pensée rien d'essentiel, lui marquant sa place dans l'histoire de la philosophie et mesurant l'action qu'il a exercée, n'est point ce qu'on entreprend ici. Les lecteurs de ces pages n'y trouveront pas ce que, sans cet avis, ils chercheraient d'abord : un portrait en pied du fameux socialiste, avec tout ce qui dans sa personne prêtait à la caricature, avec ses idées sur la *triade* et sur le *circulus*, — tournées en ridicule peut-être seulement parce qu'on n'a pas voulu se donner la peine de les comprendre, — avec sa taille, sa carrure et sa physionomie de bon géant, au doux sourire, au regard plein d'âme et de pensée, mais à la barbe inculte et à la chevelure luxuriante, où les petits oiseaux restaient accrochés par la patte, d'après le *Charivari*.

On ne parlera pas non plus de ses amis ni de ses amies, non pas même de la plus illustre de toutes, George Sand, qui fut sa collaboratrice à la *Revue indépendante* et qui subit profondément, dans ses romans socialistes, l'influence du grand philosophe ; ou, du moins, on ne parlera des personnes qui ont entouré et entretenu Pierre Leroux, comme des autres faits de sa biographie, qu'autant que cela pourra servir à l'objet précis de ce travail.

Cet objet, c'est la *religion* de Leroux : j'entends sa doctrine religieuse, et j'entends aussi sa vie intérieure et morale.

Lisant le plus récent ouvrage qu'on ait écrit sur lui, l'intéressant volume de M. Félix Thomas (1) ; lisant ensuite tout ce que j'ai pu me procurer du philosophe lui-même, notamment son œuvre maîtresse, le beau livre en deux tomes, *De l'Humanité*, je fus particulièrement attiré par un trait de cette sympathique figure qui, plus que tout autre, contribue à lui donner, aux yeux d'un lecteur de 1904, son charme singulier et original : cet homme qui non seulement ne faisait pas profession de christianisme, mais qui s'était expressément détaché de la religion fondée sur l'Evangile, avait une foi *vivante* en Dieu.

Pendant une quarantaine d'années, de 1830 à 1870 environ, les hommes restés religieux en ayant cessé d'être chrétiens ne furent point rares en France. Victor Hugo, Jules Simon sont deux représentants célèbres, entre tous, de cette famille d'esprits qui fut nombreuse, brillante et de courte durée. Mais Victor Hugo n'a guère fait que verser sur Dieu, comme sur toute chose, son verbe magnifique et

---

(1) *Pierre Leroux, sa vie, son œuvre, sa doctrine; contribution à l'étude des idées au dix-neuvième siècle*, par P.-Félix Thomas, docteur ès lettres, professeur agrégé de philosophie au lycée de Versailles. (Paris, F. Alcan.)

sonore ; le flot trop abondamment épanché de cette rhétorique éclatante donne à sa pensée religieuse un air de
faste plutôt que de sincérité. Et n'a-t-il pas suffi à Jules
Simon lui-même d'être un grand professeur de la religion
naturelle ? Pierre Leroux ne s'est point contenté de professer une foi *abstraite* en Dieu. Il a tellement réalisé sa
foi dans sa vie, que les chrétiens les plus croyants et les
plus pratiques pourraient apprendre de lui ce que c'est que
la piété fervente, et que son dernier biographe a pu écrire
avec une vraisemblance entière : « Il ne s'est peut-être
pas rencontré, dans tout le dix-neuvième siècle, d'esprit
plus religieux que le sien. »

Cet état d'âme nous paraît aujourd'hui bien extraordinaire. Nous sommes chrétiens ou athées. Les positions
intermédiaires passent désormais pour intenables ; on les
taxe d'hypocrisie ou, au moins, de timidité. Il semble
que l'expression très noble de *libre pensée* implique,
pour vous et pour moi, la permission de confesser Dieu
librement, si c'est notre idée et notre bon plaisir, et force
est bien, quand on définit les mots, d'admettre cette permission *en théorie* ; mais, *en fait*, on nous la refuse. Si
quelqu'un a cessé de croire aux dogmes ou aux miracles
de la religion révélée, la foi qu'il prétend conserver en
Dieu est blâmée comme un défaut de courage, de sincérité
ou de logique. Et, dans cette dialectique *ad vertiginem*, les
orthodoxes ne montrent pas moins d'empressement que les
incrédules à pousser les demi-négateurs au fond du préci-
pice. « Il n'y a plus que deux groupes », écrit un des doc-
trinaires de ce radicalisme intolérant et intransigeant :
« bloc contre bloc (1) ».

Tout ou rien. La prétention de nous réduire à l'une ou à

(1) *Libre pensée et protestantisme libéral.* Lettres de Ferdinand
Buisson et de Charles Wagner, page 50 (Fischbacher).

l'autre de ces extrémités est un des détestables fruits, —
le plus détestable, disons-le nettement, — de l'éducation
catholique, cette discipline désolante qui, suivant le terme si
juste d'Edgar Quinet, *a tari la faculté religieuse* en France.
« Quand on a tant fait que de sortir de cette triste église,
on a pris en dégoût tout ce qui ressemble à une élévation
ou à une foi quelconque. Voilà l'obstacle. Nos démocrates
en particulier, quand ils ne sont pas catholiques, ont
horreur de toutes les formes du christianisme. Ils croient
y voir toujours un bout de l'ancienne chaîne (1). » Un
républicain de 1870 qui, de nos jours, oserait seulement
nommer Dieu serait honni de tout son parti comme clé-
rical; mais ceux de 1848 avaient encore la bouche pleine
de ce grand nom, et Louis Blanc, dans son *Histoire de
Dix ans*, parle de la Providence comme Bossuet.

Qu'on se figure un ministre du cabinet de Waldeck-
Rousseau prononçant aujourd'hui les simples paroles par
lesquelles Pierre Leroux consacrait, le 5 mars 1848, la
plantation d'un arbre de la liberté :

— Citoyens, remercions Dieu de ce qu'il nous permet
de proclamer ici l'immortelle devise : Liberté, Egalité, Fraternité... C'est en nous aimant, c'est en nous respectant, c'est
en nous aidant, que nous arriverons au but assigné par Dieu
à l'humanité...

Si un de nos ministres républicains hasardait ces formules, — que les chefs de la république américaine et des
gouvernements protestants en général sont seuls à employer
encore, — toutes les feuilles laïques crieraient en chœur :
« Démission ! à bas la calotte ! » pendant que les journaux
de l'Eglise se réjouiraient de compter au pouvoir un secret

(1) Lettre d'Edgar Quinet, du 2 septembre 1862, citée dans *Foi et
Vie*, numéro du 1ᵉʳ avril 1903.

complice qui, par l'intermédiaire de son confesseur, reçoit
très certainement les instructions du pape. Et cela revient à
dire que Renan n'avait pas absolument tort de regarder
comme avantageuse au seul catholicisme toute manifestation du sentiment religieux en France ; mais cela nous crie
aussi que les chrétiens seraient des hommes de peu de foi
s'ils ne faisaient pas tout ce qui est en leur pouvoir pour
que cette constatation superficielle devienne une profonde
erreur.

Un ami de Pierre Leroux, le philosophe Jourdain,
assista, un soir, à une des allocutions familières que le
patriarche avait coutume d'adresser à sa famille pour clore
le travail de la journée, et qu'on pourrait presque appeler
un culte domestique. « A l'entendre, dit ce témoin, parler
gravement de Dieu, de l'humanité, ces éternels sujets de
ses méditations, on se serait cru dans un temple. »

La piété de Pierre Leroux, étant profonde et sérieuse,
n'avait aucune similitude avec la fleur banale épanouie au
soleil du bonheur et de la reconnaissance ; elle ressemblait,
au contraire, à celle qui croît à l'ombre dans les épines de
l'épreuve, trempée de pleurs comme d'une rosée. Sa vie,
extrêmement dure, connut tous les désenchantements : les
deuils domestiques, les trahisons d'amis, l'indigence, et
même la misère noire.

« La pauvreté m'a pris dès mon berceau, disait-il, et ne
m'a jamais quitté. » Et, faisant taire aussitôt sa propre
plainte en pensant à ses pauvres frères, il ajoute : « Tant
d'hommes, hélas ! sont comme moi. »

La délicatesse, parfois excessive, de sa conscience l'em-
pêcha, en diverses occasions, soit d'alléger le fardeau de
sa misère, soit même de s'enrichir par des moyens que le
monde juge très honnêtes. Dès l'âge de douze ans, il refu-

sait résolument une petite somme que sa mère lui offrait, sachant qu'elle en avait un trop grand besoin pour elle-même et pour trois autres enfants plus jeunes que lui. La même considération l'obligea de renoncer aux concours de l'Ecole polytechnique, afin de ne pas rester une charge pour sa famille et de lui venir en aide au plus tôt. Employé chez un agent de change aux appointements de 1.800 francs d'abord, il aurait pu, avec de la patience et de l'adresse, trouver, dans cette voie lucrative, au moins l'affranchissement des besoins matériels pour lui et pour les siens ; mais le métier parut suspect à son inflexible droiture, et il déclara qu'il aimait mieux se faire ouvrier, fût-ce l'ouvrier d'un maçon.

La naïveté de son désintéressement, la candeur de son idéalisme passent les bornes lorsque, s'étant fait imprimeur et ayant inventé un perfectionnement ingénieux dans l'art de la typographie, il commit la faute irréparable de refuser les offres de Didot, qui lui proposait de prendre en commun un brevet d'exploitation. Car il ne voulait pas, dit-il par un scrupule étrange, faire un monopole d'une découverte qui devait rester « un instrument au profit de l'idéal » ! Naturellement, cette belle abnégation le ruina. N'était-ce pas être aussi trop jaloux de son indépendance que de décliner l'honneur d'écrire, en collaboration avec Béranger, une histoire de Napoléon en deux volumes, qui lui aurait rapporté *cent mille francs* et la gloire d'unir son nom sur le titre d'un livre à celui du grand chansonnier ?

Quand le *Globe*, premier journal de Pierre Leroux, put s'attribuer, dans la révolution de 1830, une part de la victoire, la plupart des rédacteurs sollicitèrent et obtinrent du gouvernement de Juillet des préfectures, des ambassades, des mandats législatifs et même des ministères : seul ou à peu près seul, Leroux ne demanda rien et n'eut rien. L'année suivante, il prêchait en Belgique la religion saint-simonienne : son succès à Liège fut tel qu'il ne tint qu'à lui d'épouser une riche jeune fille que sa parole et sa personne avaient enthousiasmée. L'inclination était réciproque. Mais les parents, étant bons catholiques, exigeaient que leur fille se mariât à l'église. Ne voulant point capituler avec sa conscience, Leroux, après un violent combat intérieur, refusa finalement et revint navré à Paris.

L'ardeur avec laquelle Pierre Leroux prêcha d'abord le saint-simonisme, les conversions qu'il opéra à Lyon, à Grenoble, à Bruxelles, à Liège, en compagnie de son ami Jean Reynaud, rappellent les prédications de Pierre l'Hermite ou celles des premiers apôtres chrétiens. Mais ce qui nous intéresse encore plus ici, c'est la rupture qui suivit bientôt le prosélytisme de la première heure, et la cause de cette rupture.

Pierre Leroux rompit avec Enfantin parce que ce successeur de Saint-Simon, disciple infidèle du maître, avait introduit dans la religion nouvelle des doctrines secrètes qui choquèrent, comme contraires à la morale, l'angélique innocence et la vertu d'un homme si profondément pur qu'il serait digne de figurer dans une galerie de saints laïques. Enfantin — pour faire entendre la chose à demi mot — était un peu *mormon*. Or, Pierre Leroux avait de l'amour, du mariage et de la famille un respect vraiment religieux.

Celui qui changerait d'ami tous les jours, écrit-il dans son livre *De l'Humanité*, ne connaîtrait pas l'amitié ; celui qui ne regarde pas le changement dans l'amour comme la destruction de l'amour, ne connaît pas l'amour.

Père de neuf enfants, il croyait de toutes ses forces que le devoir de la postérité d'Adam et d'Ève, quelle que soit la condition de fortune où Dieu nous fasse vivre, est d'accroître et de multiplier le genre humain, et il pardonnait bien à Reynaud les défections de sa philosophie, les refroidissements de son amitié, mais non pas ses idées malthusiennes sur le droit ou même le devoir économique de ne pas mettre au monde de malheureux êtres voués à une existence misérable :

J'ai peut-être plus souffert qu'aucun homme de mon temps... Une des causes et des formes de cette souffrance, c'est la nécessité où je suis de voir continuellement la misère et la faim assaillir mes enfants, pendant que je m'efforce d'être utile à ma manière à l'espèce humaine... Cela me fait penser quelquefois à une grande discussion que j'eus avec Reynaud, il y a vingt-cinq ans : il prétendait me condamner à n'avoir pas d'enfants ou à cultiver ce qu'on appelle la fortune. — « Choisis, me disait-il, entre le célibat et la vie philosophique, ou la famille avec la propriété et l'aisance ; tu n'as pas le droit de donner naissance à de pauvres êtres qui n'auront pas la certitude d'être convenablement enroutés dans la vie. » Je lui objectais la condition du plus grand nombre. J'ai suivi l'exemple des prolétaires. J'ai cru que j'avais le droit d'avoir des enfants sans me faire riche, ce à quoi je n'étais nullement propre. J'en vois aujourd'hui les conséquences, mais je persiste dans ma foi (1).

A ses licences sacrilèges contre l'amour, le mariage et la famille, Enfantin ajoutait l'outrage d'avoir traité Jésus et Mahomet de « farceurs ». Cela révoltait et scandalisait au plus haut point la gravité de Leroux, qui, bien loin de partager la colossale erreur du dix-huitième siècle sur le prêtre-comédien, gardait en son cœur une religieuse adoration pour les grands révélateurs de vérités célestes, que la conscience de leur mission divine autorisa, devant les fils des hommes, à se dire *fils de Dieu*.

(1) *Lettre à M. Emile Ollivier*, du 10 juillet 1859.

Pierre Leroux fut imprimeur, directeur de revues, journaliste, député, professeur, ou conférencier d'occasion. Dans ces métiers divers, il dépensa un labeur énorme et partout il fut mal payé de sa peine.

Plein d'une bonté naïve, il était en même temps d'une âpre fidélité à ses principes. La pratique simultanée de ces deux vertus, assez rarement unies, — la bonhomie et une rigoureuse droiture, — en procurant, on peut le croire, à sa conscience la joie intérieure qui est le seul vrai salaire du juste, fut la cause visible de toutes les adversités qui extérieurement l'assaillirent.

C'est pour avoir hautement rompu en visière avec Jouffroy, Cousin et la philosophie éclectique, qu'il perdit la vieille amitié de Jean Reynaud, plus prudent que lui et inquiet des hardiesses d'un collaborateur qui le compromettait. C'est pour la même cause qu'après avoir eu l'estime de Sainte-Beuve, il fut subitement traité par lui de lourdaud : « Ce pape du communisme écrit philosophie comme un buffle qui patauge dans son marais. » Mais Leroux ne transigeait point avec la vérité :

Que chacun, écrivait-il dans le *Globe* le 19 avril 1827, ait le courage de son opinion ; que l'on ne voie point des libéraux et des incrédules de cœur afficher des croyances d'apparat, qui, dans leur bouche, sont un mensonge, et bientôt la vérité se fera jour, et l'erreur s'évanouira sans qu'il y ait ni violence ni réaction à redouter. La vérité est au concours.

Il disait à Louis Blanc avec la simplicité d'un homme qui ne pose point pour la galerie : « Etant donné que ma mort serait utile aux idées que je défends, je me laisserais tuer. » Convaincu que le socialisme triompherait par l'amour, par la raison et par le nombre aussi, mais par le nombre *votant pacifiquement*, il repoussait absolument, sans exception, sans réserve, tout emploi de la violence. Ce fut

la cause de sa brouille avec plusieurs révolutionnaires
de marque, tels que Ledru-Rollin, Mazzini et Félix Pyat, qui
niaient—peut-être avec l'assentiment de l'histoire — que les
pacifiques eussent jamais accompli la moindre révolution.

Telle était l'invraisemblable douceur de son idéalisme,
qu'on ne comprend pas toujours très bien, dans sa vie politique, certains silences que son caractère défend d'attribuer
à un manque de courage. Assurément il n'avait point tort
d'interdire qu'on chantât devant lui le couplet sanguinaire
de la *Marseillaise*; mais par quelle étrange délicatesse
refusa-t-il de présider, en 1847, un grand banquet de socialistes et de libéraux organisé à Limoges en l'honneur des
idées qui lui étaient chères ? Il ne voulait pas, expliquait-il
assez obscurément, « donner un air de parti politique à la
science sociale et à des idées qui devaient triompher non
par la force, mais par la persuasion ». Cet excès de scrupule surprit ses partisans déconcertés, parut injustifiable
et faillit compromettre, un an plus tard, son élection à
l'Assemblée constituante.

Vinet a écrit, avec sa coutumière noblesse de style et
de pensée, que tout chrétien est un témoin et un martyr
en ce sens qu'il doit mourir pour la vérité, « sinon sur la
croix ou dans les flammes, du moins dans le supplice
perpétuel de l'amour-propre et dans le sacrifice du moi
humain ; sinon dans son corps, du moins dans l'opinion
des autres, où nous vivons d'une seconde vie et où le mépris
nous atteint et nous tue (1). » Leroux, sans être chrétien,
mais parce qu'il avait la foi, une *foi religieuse*, réalisait
pleinement cet idéal. Comme saint Paul, il a « cru » et il
a « parlé », sans s'inquiéter des rires qu'il excitait par
les paradoxes d'une sagesse que le monde appelle folie,

(1)*Essai sur la manifestation des convictions religieuses*, p. 7.

jusqu'au jour où elle cesse d'être ridicule ou extraordinaire, étant tombée dans le domaine commun.

Longtemps avant Tolstoï, il a osé soutenir que le service militaire est incompatible avec une saine doctrine philosophique et religieuse, et, le 21 octobre 1848, au milieu d'une hilarité générale, — un peu justifiée, il faut le reconnaître, par l'impossibilité pratique absolue d'exécuter son vœu, — il présentait à la tribune le projet de loi suivant : « Tous les citoyens appartenant à un culte qui repousse la guerre, comme un principe barbare et contraire aux lois divines et humaines, seront exemptés du service militaire. »

Il obtint, un jour, — par une espèce de surprise, — de ses collègues abasourdis ou distraits un vote écartant comme inéligible tout citoyen condamné pour adultère. Dans un autre discours, il flétrissait, — avec le capital tel que le conçoit l'économie politique officielle, — le prêt à intérêt « que ni l'Evangile ni la société des premiers chrétiens n'ont connu ».

Professant, sur la valeur mystique du nombre *trois*, une doctrine extrêmement singulière, il avait annoncé, au commencement d'un de ses grands discours politiques, qu'il fallait introduire dans la constitution « le principe de la Trinité ». On devine l'explosion de gaieté olympienne qui secoua toute l'assemblée, à cette proposition saugrenue. Neuf cent cinquante législateurs, tant ecclésiastiques que laïques, « se tordaient de rire », au témoignage de Leroux lui-même.

Mais ce qui est curieux et bien caractéristique, c'est que l'orateur, — héros malgré lui de la comédie qu'il donnait, — n'étant confus et indigné qu'à moitié seulement, fut gagné par ce rire universel et, subitement, s'y associa.

Il avait donc de l'*humour*, tempérament des plus rares

chez les apôtres et chez les pontifes. La foi sérieuse est roide ; elle exclut presque toujours la bonhomie, qui se dédouble, se contemple et se raille. Mais le pauvre grand homme était si accoutumé aux coups des hommes et du sort, qu'il ressemblait à un chien battu qui n'a point de rancune et lève un regard plein de tendresse vers la main qui le frappe. Il se consolait, par cette mansuétude, de la ruine de ses illusions ; rien d'amer n'envenimait ses déboires. On a pu lui reprocher un certain manque de modestie, la haute opinion qu'il avait et qu'il étalait de la valeur utile de ses idées; mais ce défaut — si c'en est un — était amplement racheté par l'admirable bonne humeur avec laquelle il acceptait leur échec.

En 1859, par décision de l'empereur, toutes les sections de l'Institut réunies furent invitées à décerner un prix de 20.000 francs à « l'œuvre la plus remarquable et la plus utile au pays ».

L'œuvre la plus remarquable et la plus utile au pays, pensa Leroux, c'est évidemment mon essai sur le *Livre de Job*. Convaincu de cette excellence supérieure et incomparable, il dit à son jeune ami Joseph Bertrand, de l'Académie des sciences, en lui remettant un énorme paquet entouré d'une courroie :

— Tu vas me présenter ça à l'Institut.

— C'est que, objecta le savant mathématicien un peu embarrassé, cela ne regarde guère ma section. Vous feriez mieux, pour une œuvre littéraire, de vous adresser à Villemain.

Pierre Leroux courut chez le secrétaire perpétuel de l'Académie française. Deux jours après, il rendait compte à M. Bertrand de sa visite :

— Je suis allé chez Villemain.

— Eh bien, que vous a-t-il dit ?

— Je te le donne en mille !

Et Pierre Leroux rit aux éclats, comme un homme qui a une bien bonne histoire à raconter.

— Je ne devine pas... Peut-être a-t-il trouvé votre œuvre trop... ou pas assez...

— Tu n'y es pas. Il m'a dit : « Vous vous f..... du monde ! » Et il rit de plus belle.

— Je proteste. Je lui prouve, clair comme le jour, qu'aucune œuvre de notre temps n'a une pareille valeur littéraire, une pareille portée philosophique et sociale... — « Je vous dis encore une fois que vous vous f..... du monde ! » Je salue, je sors, je prends l'escalier ; mais je n'étais pas encore arrivé au bas que je l'entends me crier pour la troisième fois : — « Je vous répète que vous vous f..... du monde ! » Et Pierre Leroux riait aux larmes.

Le rire — suivant une ancienne esthétique dont les morceaux me paraissent encore assez bons, toute démolie qu'elle soit peut-être par la théorie nouvelle de M. Henri Bergson (1) — est causé par un brusque et surprenant contraste entre ce qu'on attendait et ce qui arrive, pourvu que ce contraste n'ait rien d'affligeant ni d'odieux. La façon dont Villemain reçut un auteur naïf persuadé qu'il avait élevé le monument littéraire du siècle et comptant sur un prix de vingt mille francs, est *risible* ; elle est *gaie*, elle est *comique* au plus haut point, mais *pour nous*, et seulement pour nous, spectateurs désintéressés. Que la victime elle-même ait ri et s'en soit amusée, comme un simple témoin, cela dénote une dose excessivement rare de bonne humeur — et d'*humour*, au sens que, pour ma part, j'ai toujours donné à ce mot.

(1) *Le Rire ; essai sur la signification du comique*, par Henri BERGSON (Paris, F. Alcan, 1900).

Pierre Leroux pratiquait naturellement la règle chrétienne du pardon des offenses. Je dis: « naturellement », parce qu'il semble, en vérité, que cela ne coûtait rien à son excellente nature.

Proudhon l'avait traité cruellement, combattant ses doctrines avec une violence extrême, raillant son théisme, sa terminologie religieuse, et l'appelant « théosophe », « théomancien », « théomane », « théopompe » et « métaphysicien de la Trimourti ». Leroux oublia tout avec une grande générosité, tendit la main à son adversaire, et la réconciliation fut si complète que, le jour où Proudhon fut mis en prison pour sa propagande révolutionnaire, Leroux prit sa défense devant la Chambre contre le Gouvernement. De son côté, Proudhon fut vivement touché de tant de bonté d'âme ; il dit plus tard à un de ses amis revenant de Jersey, où Leroux était en exil : « Je voudrais serrer la main à Leroux comme je vous la serre. Pourquoi ne consent-il point à revenir parmi nous, puisque l'empereur l'y a fait inviter ? Véritablement, il nous manque. Ma personne, à moi, n'inspire aucune sympathie, tandis que Leroux est aimé de tout le monde. »

Après le coup d'État de 1851, notre socialiste s'était réfugié d'abord à Londres. Il avait choisi cette ville parce qu'il se souvenait, avec un légitime orgueil, d'une lettre enthousiaste de Stuart Mill, datée du 28 novembre de cette année même, où le grand philosophe anglais, ravi de l'initiative de Pierre Leroux à l'Assemblée nationale « sur une des plus grandes questions de l'avenir », celle des *droits politiques des femmes*, l'avait remercié très chaleureusement et même invité à venir le voir : « S'il vous arrivait, monsieur, de passer en Angleterre, et que vous voulussiez bien me faire, à moi et à ma femme, l'honneur d'une visite fraternelle, nous serions charmés de vous renouveler personnellement l'expression de notre sympathie. »

Leroux arriva à Londres sans ressources, sans plan d'avenir, léger d'argent, chargé de famille et malade d'un érysipèle. Il fut logé d'abord avec tout son monde, pour quinze shillings par semaine, dans une chambre étroite, obscure et si enfumée que, pour pouvoir respirer, il fallait tenir la fenêtre ouverte en plein cœur de l'hiver. Il avait hâte de se présenter à Mill, comme au bon ange dont il attendait sa délivrance. Voici le récit de cette entrevue si désirée, tel qu'il l'a conservé lui-même :

De ma vie, je n'ai vu d'homme plus mystérieux, plus silencieux, plus froid. Il ne me reçut pas dans son cabinet. Il me conduisit, à travers un long corridor, jusqu'à l'extrémité de l'immense bâtiment (l'hôtel de la Compagnie des Indes, dont Stuart Mill était le secrétaire). Arrivé là, il se fait ouvrir une salle. Il s'y enferme avec moi, il ne me fait pas même asseoir. Son œil m'interroge, il me prête l'oreille, il me donne l'exemple de parler bas, absolument comme si nous conspirions. Il me questionne sur ce qui vient de se passer en France, et sur les suites probables. Il m'écoute quelque temps, hoche plusieurs fois la tête, et ne me répond rien ou peu de chose. Puis il me reconduit, et, me laissant dans le corridor : — Vous prendrez à gauche, me dit-il, et vous trouverez l'escalier.

Sans perdre courage, Leroux commence par louer un autre logement, en donnant au propriétaire, qui exige des références, le nom et l'adresse de Stuart Mill. — « L'honorable secrétaire de la Compagnie des Indes, s'écria l'homme à l'ouïe de ce nom célèbre, c'est parfait ! » Leroux, renaissant à l'espoir, regarde l'affaire comme terminée. Trois jours se passent. Mais le propriétaire déclare enfin qu'il ne peut pas louer sa maison, car il a vu M. Mill, et celui-ci lui a dit en confidence « qu'il croyait peu probable que M. Leroux pût rester un an à Londres ».

Voilà, pour le collectionneur de monstruosités morales, un curieux cas d'égoïsme humain, tel que les philosophes eux-mêmes en donnent trop souvent le spectacle au monde ; le cas s'aggrave ici de ce que l'égoïsme britannique a de spécialement parfait en ce genre. Mais, pour que l'anecdote ait toute son explication et toute sa signification, il faut aussi consulter l'histoire et se rappeler la froideur hostile que, par intérêt politique, les Anglais témoignèrent aux républicains, aux révolutionnaires, héroïques victimes du coup d'Etat. « La protection que l'Angleterre accordait aux exilés de 1851, écrit Mlle Malwida de Meysenbug, dans ses *Mémoires d'une idéaliste*, ressemblait plutôt à une aumône qu'à l'accueil hospitalier d'un peuple libre. »

A Jersey, où le grand exilé vint échouer ensuite, il essaya de vivre en ouvrant des cours payants de philosophie et de phrénologie ; puis, en « gardant les vaches », c'est-à-dire en faisant de l'agriculture ; enfin, en fondant un journal, *l'Espérance*. Elle le soutenait toujours, l'espérance ; mais la malchance le poursuivait. Rien ne lui réussit.

Il avait la mortification de voir Victor Hugo, à qui tout réussissait, au contraire, — même la défaite, même la ruine, même l'exil, dont il s'est fait un piédestal, — entouré de visiteurs et d'amis, pendant qu'il subissait le sort commun des misérables : l'abandon de tout le monde. « Mon voisin Victor Hugo (ce n'est pas par jalousie que je le dis) a eu tant de visites ! » écrivait-il, le cœur gros, à M. Emile Ollivier. Il prononça en public, devant Victor Hugo lui-même, un éloquent éloge du grand poète des *Châtiments ;* et, dans des conversations familières avec lui, il développa,

sur le Dieu créateur et le Dieu providence, sur les religions et la religion, sur la mission sociale de l'art, sur la
palingénésie, etc., des doctrines dont l'auteur du *William
Shakespeare* s'est souvenu et a profité.

La détresse de Pierre Leroux devint si extrême qu'il se
vit obligé de demander et d'accepter de véritables aumônes,
un peu moins pénibles à sa dignité qu'on se l'imagine
peut-être, parce qu'il était bonhomme et parce qu'il s'agissait non de sa vie, mais de celle des siens. Il avait calculé
que la somme souscrite par ses amis assurait quatre louis
par an — et une petite fraction — à chacun des membres
de sa famille, soit un peu plus de quatre sous par jour.

« *Je meurs de faim*, vous le savez ; je n'ai pas honte de
vous le dire. Comment faire vivre six personnes avec cent
francs par mois ? N'est-il pas malheureux que mes livres,
qui seraient utiles à tant de lecteurs, ne rapportent pas
même à *leur auteur* un morceau de pain ? » Son plus cher
ami d'autrefois, Jean Reynaud, sollicité par lui, répondit,
après une réflexion de vingt jours, par une lettre indirecte, adressée à un intermédiaire pour lui être communi-
quée, et que Leroux cite (avec de navrantes réflexions entre
parenthèses) dans sa correspondance avec M. Emile Ollivier.

« Mon cher monsieur Sandré, je suis bien peiné de la
triste situation de M. L.... (le cruel ! il m'appelle *monsieur !*)
et d'autant plus que je ne vois pas moyen, pour ma part, de
l'améliorer. J'ai même, d'année en année, plus de difficulté à
réunir la somme que je lui envoie. Avec le temps, la séparation et le silence, les sympathies se refroidissent (cela a dû
être triste à écrire, et c'est triste à copier). Si M. L. était seul,
la simplicité de ses goûts lui permettrait de s'entretenir avec
le peu que je lui adresse ; mais, dès que plusieurs personnes
y prennent part, l'insuffisance des secours est évidente (veut-
il donc recommencer notre discussion d'il y a trente ans sur
le droit d'avoir des enfants ?)... »

Pendant que les amis qui, avec un peu de leur superflu, auraient pu lui faire tant de bien, montraient cette mauvaise grâce, le bon Leroux, auquel manquait le nécessaire, faisait d'impossibles charités. Décidément, pour donner beaucoup, il n'y eut jamais que ceux qui n'ont rien. Deux fois, il trouva moyen d'envoyer cent francs à un frère plus pauvre que lui.

Nommé en 1859, par le conseil d'Etat de Genève, professeur d'histoire à l'académie de cette ville, il ne put obtenir de ses amis la somme de trois mille francs dont il avait besoin pour s'établir dans sa nouvelle fonction. En 1866, une souscription lui rendit enfin le voyage possible ; mais la place n'était plus à prendre.

Avec l'appui d'un riche négociant de Genève qui s'était épris de ses idées, il fit des conférences en Suisse ; mais il n'eut à Genève qu'un succès d'estime. A Lausanne, heureusement, l'accueil fut moins froid ; quand on lit le début de sa première conférence, admirable de simplicité, de candeur, de gravité religieuse, on ne concevrait point que tous les esprits et tous les cœurs ne lui eussent pas été conciliés d'emblée :

Soyez indulgents pour moi. Je suis vieux, vous vous en apercevez bien. J'ai dépassé l'âge auquel on prenait chez les Hébreux le titre de vieillard. En outre, je n'ai jamais cultivé l'art de la parole ; je ne suis ni avocat, ni prédicateur. Je suis même dépourvu d'art de toute façon, ou bien n'ai d'art que la vérité qui m'inspire. J'ai osé, dans ce siècle ironique, reprendre la devise de Rousseau : *Vitam impendere vero.* Quand il m'est arrivé, dans les assemblées politiques, de résister à d'aveugles majorités prêtes à rendre d'injustes décrets, ce n'est que la force de ma conscience qui m'a soutenu contre les interruptions et m'a donné quelquefois la victoire sur l'erreur et les préjugés. Aujourd'hui que je suis vaincu du temps, comme dit Corneille et comme dit Job, qu'il ne me reste de mes dents que les gencives, comment ferai-je pour oser dire devant vous des choses aussi nouvelles, aussi étranges peut-être pour vous que celles que j'ai à dire, et comment ferez-vous pour écouter jusqu'au bout mes paradoxes, qui sont pourtant des vérités? Je commencerai donc par prier Dieu, source de toute lumière pour vous comme pour moi, de me donner à moi la force, à vous la patience, afin que les paroles qu'il m'inspirera ne tombent pas dans le vide et ne soient pas pour vous un objet de scandale.

Vers la fin de 1870, Leroux et sa famille se trouvaient à Nantes, dans le dénuement le plus complet. Dès que le siège de Paris fut levé, il revint dans la capitale, qui allait entrer en pleine guerre civile. Il y mourut, le 18 avril 1871, âgé de soixante-quatorze ans. La Commune lui rendit des honneurs funèbres, en ayant bien soin de faire cette réserve, qu'ils ne s'adressaient pas au philosophe religieux, mais uniquement à l'homme politique, héraut de la révolution sociale, défenseur des prolétaires vaincus dans les journées de Juin.

De la vie de Pierre Leroux je n'ai mentionné, suivant mon dessein formel, que les faits utiles pour la connaissance de son caractère moral et religieux ; je ne retiendrai, de sa doctrine aussi, que les idées qui touchent directement à la religion.

Sans impiété blasphématoire, on peut profaner le nom de Dieu par légèreté indifférente, par affectation hypocrite, par vaine déclamation, et de quelques autres façons encore : les pieuses habitudes du langage de Pierre Leroux sont évidemment celles d'un homme simple, sérieux et sincère, qui ne prend jamais le nom de Dieu en vain. On l'a vu par les citations que j'ai faites, et les preuves que j'y puis ajouter sont presque superflues ; mais si elles sont intéressantes, ne nous plaignons pas qu'elles surabondent :

Vraiment, ne faut-il pas que ma femme et mes enfants soient des anges pour m'avoir permis, lorsqu'ils étaient réduits à une si maigre pitance, de travailler à des idées générales, sans aucun fruit, en apparence, pour eux ?... Mais pourquoi rappeler ces tristes moments, quand, avec la grâce de Dieu (j'aime à mettre Dieu dans cette affaire, car il y fut, quoi qu'en puissent dire tous ceux, si nombreux aujourd'hui, qui ne croient pas en lui), quand, avec la grâce de Dieu, je suis sorti de cet abîme, un peu plus *savant* que je n'étais ?...

Je prie Dieu qu'il fasse tourner à bien notre destinée, écrivait-il à un de ses fils, et je le remercie même de ce qui me paraît un mal ; car je sais que cela peut, par sa grâce, devenir un bien... Ce que je sais bien, cher ami, c'est que, dans toute occasion, tu observeras la justice et la clémence envers ces pauvres malheureux qui sont nos frères et nous sont unis dans la vie... Adieu, cher ami, cher fils, je te mets aux mains de la Providence, *car j'y crois*.

Leroux était trop franc et trop droit pour feindre d'ignorer ce qu'il valait par les qualités du cœur comme par celles de l'intelligence ; mais, s'il n'était pas *modeste*, il était *humble* ; car tout ce qu'il avait de bon, il le rapportait à Dieu, auteur de tout bien :

Dieu m'a enseigné de grandes vérités... Comme pour me rappeler à mon métier de pêcheur d'hommes, il a plu à la divine intelligence de faire luire dans mon esprit quelques pensées nouvelles...

Cher fils, j'ai besoin de te voir, de m'entretenir avec toi. Voilà des années que je ne t'ai embrassé. Tu trouveras plus de rides sur ma figure qu'il n'y en avait quand tu me quittas, mais pas plus de rides dans mon cœur ; mes cheveux plus grisonnants, mais mon âme aussi jeune : de quoi je remercie le grand Dieu.

Un de ses articles de la *Revue sociale* se termine par des

paroles si religieuses, qu'étant déshabitués, comme nous le
sommes, de rencontrer, hors du christianisme, le moindre
sentiment de piété et de foi en Dieu, lorsqu'on vient nous
dire que le signataire de pareilles lignes *n'était pas chrétien*, cela sonne à nos oreilles comme un non-sens ; et le
fait est qu'il y a trop lieu de distinguer entre les hommes
qui, même en rejetant le christianisme, restent vraiment
animés de son esprit, et ceux dont le cœur le renie, pendant
que leur bouche le professe :

Ce n'est point la haine du clergé, ce n'est pas l'esprit critique qui nous inspirent ; et s'il y a eu dans ce qui précède
quelques paroles amères, qu'on les pardonne à notre intention
sincère d'opérer le bien. Dans les combats de l'intelligence,
dont la fin est l'avancement et le progrès de tous les hommes,
Jésus lui-même nous a donné l'exemple que l'on peut poursuivre ardemment l'erreur, tout en désirant le salut de ceux
que l'on réprimande, parce qu'on ne les réprimande pas dans
l'intérêt des passions humaines, mais dans l'intérêt de la
vérité. Divine lumière, qui ne nous es pas venue seulement
de l'Evangile, mais par tous les grands monuments antérieurs et postérieurs que l'humanité nous a transmis, et par
l'influence des vertus et du dévouement de la foule des martyrs non pas seulement du christianisme, mais de l'humanité,
que ne nous est-il donné de te réfléchir assez fortement pour
qu'entrant dans le cœur et dans l'esprit de ces prêtres du
Christ, tu les éclaires et les échauffes, afin que, suivant la
parole du Maître, ils deviennent un avec nous pour ton service, ô divine lumière !

La question des *Origines du christianisme*, longuement
traitée à la fin de la seconde partie du livre *De l'Humanité*, aboutit à cette conclusion édifiante, t. II, p 382 :

Je m'arrête. J'ai satisfait suffisamment aux questions que
je m'étais posées sur le christianisme... Et *je rends grâces à
Dieu* de ce que j'ai pu traiter ce grand problème sans blesser

en rien ce qui est divin dans le christianisme, ce qui lui sur-
vivra, ce qui est immortel, son âme, son esprit.

Quelle était donc, enfin, cette doctrine religieuse de
Pierre Leroux, qui — expressément différente du christianisme — prétendait le dépasser et le remplacer avec
avantage, mais qui s'en est toujours montrée la très
respectueuse héritière ?

II

La sagesse philosophique a des aphorismes que nous acceptons facilement, parce que nous ne les trouvons point contestables, et peu utilement, parce que nous ne savons pas en tirer grand'chose. De ce nombre est l'antique doctrine d'Hippocrate, que la vie est une harmonie, qu'il faut donc autre chose, pour la constituer, qu'une simple juxtaposition d'éléments; mais que, le seul rapprochement des parties dont se composent les corps, — tant individuels et concrets que sociaux et métaphysiques, — ne suffisant point pour les faire vivre, c'est assez, pour qu'ils meurent, que leurs éléments se désagrègent et se séparent.

Cette vérité — que nous n'avons certes pas la téméraire audace de mettre en doute, mais dont la portée ne nous frappe guère au premier abord — est à la base de toute la philosophie de Pierre Leroux. Il l'a creusée profondément et sans cesse méditée. Elle fait l'unité de son œuvre religieuse, morale et sociale. Quand on a soin de ne pas la perdre de vue, elle y explique tout ce qui nous paraît plus ou moins bizarre; entre autres singularités, un de ses plus étranges paradoxes: l'organisation d'une religion nationale, qu'il entreprend — sans succès d'ailleurs — de concilier avec la liberté religieuse.

La vérité religieuse ou philosophique, pour devenir et

pour rester une chose vivante et une puissance de vie, doit elle-même présenter ce caractère, d'être une grande synthèse harmonieuse. Jamais elle ne fut la conquête du génie individuel. Lumière divine qui se révèle progressivement à l'esprit humain ; bien commun de toute l'humanité, non d'une aristocratie d'intelligences, — elle ne peut pas se dispenser d'apporter une réponse aux questions qui intéressent le plus l'âme anxieuse de l'homme : Pourquoi suis-je au monde ? Où vais-je ? D'où suis-je venu ? Quelle est la destinée du genre humain, et que deviendrai-je, moi personnellement, après ma mort ?

La religion est le premier besoin de nos âmes, et toute philosophie qui va au fond des choses est religieuse essentiellement. Un homme capable de se désintéresser des problèmes religieux serait hors de l'humanité, serait une « brute ». Les expressions les plus vives et les plus fortes se pressent sous la plume de notre philosophe pour qualifier l'état de l'homme privé de religion. Le monde n'est plus qu'un « désert ». La société n'est plus qu'une « poussière d'individus » qui se haïssent et s'entre-détruisent. « Vivre sans religion, écrit-il encore, est le plus douloureux des supplices ; ce n'est pas vivre, c'est errer dans les ténèbres. » Mais, pour que rien ne manque à l'horreur de l'irréligion, ce n'est pas seulement l'absence des doctrines consolantes qu'il faut considérer, ni le tourment insupportable du doute ; c'est l'affreux désarroi des volontés et des intelligences, quand elles ont totalement oublié cet axiome — fondamental dans la philosophie de Leroux : que l'harmonie est la condition de la vie, et que ni les individus, ni les sociétés, ni l'humanité ne peuvent vivre dans la discordance et l'incohérence. Or, l'harmonie du monde moral et, par suite, sa vie sont impossibles sans une religion, c'est-à-dire sans des sentiments, des idées, des aspirations, des vœux, des croyances qui lient les hommes entre eux et les rattachent à quelque chose d'éternel.

Séparer la religion de la philosophie, comme le veut Victor Cousin et l'école éclectique, laisser aux peuples la première et réserver la seconde aux sages, — c'est, en même temps que la prétention la plus injurieuse, l'erreur la plus radicale et la plus funeste.

Le christianisme, bien loin d'être une aberration de l'esprit humain, — comme le prétendait avec autant d'étourderie que d'irrévérence l'aveugle rationalisme du dix-huitième siècle, — est la plus grande, la plus belle, la plus vraie des religions du passé. Si la fin du *christianisme* devait entraîner celle de la *religion,* mieux vaudrait mille fois le conserver. Plutôt les jésuites, pensait et disait Leroux, que les athées! Le christianisme a ceci d'incomparable, qui lui permet de défier tous les autres systèmes avec l'assurance de garder dans le cœur des hommes la supériorité sur eux tous, que *seul il donne un sens à la vie.* Pour qui d'autre que pour les chrétiens voyons-nous se dissiper dans la lumière les obscurités terribles de notre condition mortelle? Dans l'admirable harmonie de la doctrine chrétienne, le ciel et la terre se correspondent, s'expliquent, se complètent. Le péché d'Adam rend raison du mal et de la douleur. Le sacrifice du Christ réconcilie l'homme avec Dieu. Le bonheur céleste compense infiniment les épreuves d'ici-bas, et l'inégalité présente des conditions devient un détail entièrement négligeable dans l'attente du règne éternel de la justice.

On peut même dire que, plus les hommes sont malheureux, plus ardente se montre leur foi et patiente leur espérance. Quelle discipline pour les volontés rebelles! quel frein pour les passions! quel apaisement des inquiétudes et des curiosités! quel ordre dans les idées et dans les esprits! quelle concorde, quelle harmonie dans tout le monde intellectuel et dans tout le monde moral !

Cette religion si parfaite ne fut pas l'œuvre d'un homme ni même celle d'un dieu. Elle *a été* vraie, selon Pierre Leroux, justement parce qu'elle n'est point sortie de quelque invention unique et géniale. Elle fut l'épanouissement de tout ce qui l'avait précédée et préparée : à savoir, le mosaïsme, le prophétisme, les sectes diverses du judaïsme, l'hellénisme enfin et le platonisme développé par le mystique auteur de l'évangile selon saint Jean. De tous ces éléments élaborés, digérés, combinés harmonieusement, lui est venue la vie qui l'a fait durer et régner dix-huit siècles. Et il faut bien que les philosophes se persuadent d'une chose : c'est que la doctrine qui à présent lui succèdera ne pourra vivre — à son tour — qu'à la condition de faire de même, et de s'assimiler tout ce que le christianisme a de bon.

Rompre avec la tradition, faire table rase du passé, ne pas recueillir pieusement l'héritage des ancêtres, c'est l'aveugle folie des aventuriers de la pensée, trop oublieux de cette parole si sage de Leibniz : « Le présent, engendré du passé, est gros de l'avenir. » Pierre Leroux se montre presque violent dans les âpres critiques qu'il adresse à Jouffroy et à son école, à qui il reproche « d'être complètement dépouillés de toute tradition, c'est-à-dire de toute vie antérieure, de n'avoir ni la tradition du christianisme, ni celle de la philosophie.... La vie se transmet d'âge en âge. Si vous êtes dénué d'ancêtres et de tradition, comme ces enfants du sérail recrutés par des forbans sur les mers, comme eux privé de père, vous serez comme eux sans postérité (1). »

(1) Article intitulé *De la loi de continuité qui unit le dix-huitième siècle au dix-septième*, dans la *Revue encyclopédique* de 1832. — L'orthodoxie chrétienne n'admet pas et ne peut admettre la vue de

Aujourd'hui, après plus de dix-huit cents ans, pendant lesquels le christianisme a maintenu dans la vie et dans la pensée des hommes cet accord harmonieux qui est, par excellence, le principe de la santé morale, — puisque, dès qu'on le perd, il faut dépérir et mourir, — l'évidence éclate à tous les yeux que l'harmonie a cessé de régner.

La vieille foi chrétienne ne compte plus un seul représentant parmi les personnes cultivées. Le peu qui en reste ne prolonge une vie expirante qu'à force de compromis, de subtilités, d'illogismes, d'hypocrisies et de mensonges. Un grave désaccord avec nous-mêmes est la maladie spéciale à notre siècle de crise. Les progrès de la science nous ont rendu les miracles proprement dits, — j'entends la dérogation aux lois de la nature, — aussi inacceptables que les contes bleus dont les nourrices amusent la crédulité des enfants ; en même temps, les progrès de la raison et de la conscience morale ne nous permettent plus d'accepter certains dogmes absurdes ou cruels qui leur répugnent trop.

Combien ne vaudrait-il pas mieux dès lors avouer sincè-

notre auteur sur le christianisme considéré comme l'achèvement et l'épanouissement des religions et des philosophies précédentes, puisque cette vue, étant purement humaine, contredit l'idée d'une révélation. « Le christianisme, écrit le professeur Jalaguier dans sa *Théologie générale* (p. 276), *n'est pas la synthèse du passé*. C'est évident pour qui le compare sans prévention avec les philosophies et les religions antérieures. Loin d'avoir été le développement intellectuel et moral de ce qui était, loin d'en être sorti par le travail interne des idées et des choses, il y a pénétré *du dehors et de vive force*. Il eut d'abord tout contre lui : rois, peuples, prêtres, philosophes. Avènement d'un nouveau principe, d'un nouvel esprit, d'une nouvelle vie, il fut non une évolution, mais une révolution... Il peut dire, avec son fondateur : Je ne suis pas de ce monde. » — Rectification très nécessaire, évidemment, pour quiconque croit à une révélation surnaturelle de la vérité. Cependant il est probable que Jalaguier admettait aussi le fait historique d'un certain état du monde « en travail », comme dit l'Ecriture, et *mûr* pour le christianisme à l'époque où le Messie parut.

rement qu'on a cessé d'être chrétien ! Car nier les miracles, c'est mettre au rang des fables les libres manifestations de la puissance divine qui composent la trame de
l'Ancien et du Nouveau Testament ; et rejeter certains
dogmes, à titre seulement de choses inconcevables qui ne
seraient jamais venues à notre cœur et à notre pensée,
c'est refuser d'admettre le principe même de la Révélation,
qui devient sans objet, sans raison d'être et sans utilité,
si elle ne confond pas l'intelligence humaine.

Mais des raisons de convenance, de sentiment, d'esthétique, de morale, de respect humain, de piété filiale et fa-
miliale, — et surtout la timidité, la paresse, la lâcheté et la
peur, — nous retiennent accrochés à la foi de nos pères
comme à une possibilité dernière de salut dont nous ne
voulons pas perdre absolument la chance. Voilà pourquoi
nous allons encore à l'église. Voilà pourquoi « nous
confions nos enfants aux prêtres, qui leur enseignent le
christianisme, puis aux savants et aux philosophes, qui
effacent tout cela. »

Pierre Leroux était conduit, dans sa recherche de la
vérité, par un besoin de franchise et de logique qui touchait
au cœur George Sand et l'émerveillait :

Dites-moi, mon cher enfant, écrivait-elle à un de ses
jeunes correspondants, si vous connaissez tous les écrits philosophiques de Pierre Leroux ? C'est la seule philosophie qui
soit claire comme le jour et qui parle au cœur comme l'Evangile ; je m'y suis plongée et je m'y suis transformée ; j'y ai
trouvé le calme, la force, la foi, l'espérance et l'amour patient
et persévérant de l'humanité. Méditez-la.

Dès sa plus tendre enfance, ayant entendu un prédicateur décrire, dans un sermon, les supplices sans fin des
damnés, il fut révolté par l'atrocité de la doctrine, et ce

premier bond hors du christianisme l'en sépara pour toujours.

Un des articles principaux de sa foi philosophique et religieuse, c'est que le ciel et l'enfer ne sont pas ailleurs que sur la terre ; il condamne la croyance à la localisation ultra-terrestre de ces deux séjours comme la source de mille superstitions énervantes, d'une terreur insensée et d'une extase mystique également perni-cieuses.

Depuis que l'homme a commencé à s'affranchir de l'es-clavage qui résultait pour lui de sa malheureuse ignorance, d'une part ; d'autre part, de la criante iniquité des condi-tions sociales ; depuis que les idées de progrès, de liberté et d'égalité se sont fait jour, l'ancienne conception de l'harmonie réalisée seulement au ciel, où seront enfin ré-parées toutes les injustices de la terre, — vieux rêve qui pouvait suffire à l'humanité dans son enfance, — ne suffit plus à son âge mûr. C'est *ici-bas* que nous voulons établir le règne de la justice.

Mais la tendance logique du christianisme est de faire bon marché de cette « vallée de larmes », comme d'un lieu d'épreuves transitoires. « Tout homme qui croit à un ciel placé hors de la nature et de la vie, a dû dire, comme saint Paul et comme tous les saints du chris-tianisme : Qui me délivrera de ce corps de mort ? » Deux égoïsmes contraires, mais aussi funestes l'un que l'autre à la vie religieuse, sont la conséquence de cette erreur : celui des mystiques et celui des athées. Les mystiques disent : « Qu'importent les maux de la vie présente, le dou-loureux spectacle de la terre et de l'humanité, les souf-frances sans nombre et sans nom de la condition mortelle, à qui va devenir ange du paradis et posséder l'éternité bienheureuse ? » Et les athées répliquent : « Mangeons et buvons ; moquons-nous des misérables et jouissons de la vie en simples animaux de la terre, car nous ne croyons pas à votre éternité bienheureuse. »

Les uns sont sans présent, les autres sans avenir.... On arrive des deux côtés à l'égoïsme.... Des deux parts, la terre, c'est-à-dire la vie présente, ou (en termes plus relevés) la vie éternelle dans sa manifestation présente, au lieu d'être comprise religieusement et sanctifiée, est avilie, profanée, abandonnée au hasard, à la fatalité et au mal (1).

Si la manifestation franche et sérieuse d'une conviction, quelle qu'elle soit, est chose digne de respect, on respectera Pierre Leroux pour avoir osé écrire : « Nous nous sommes émancipés d'Aristote et d'Homère ; *le progrès actuel est de nous émanciper de Jésus.* » Car nous savons, d'ailleurs, quelle vénération il avait pour le fondateur du christianisme, et combien l'irréligion du dix-huitième siècle lui paraissait peu philosophique.

Résumons en trois articles toute sa pensée :

1º Une religion est nécessaire. — 2º Cette religion ne peut plus être le christianisme, qui eut sa vérité relative, sa vérité éminente et supérieure, mais dont le règne est fini. — 3º Il est rigoureusement conforme à la loi de continuité qui unit les siècles entre eux et relie les unes aux autres les pensées des générations successives, que la religion qui remplacera le christianisme naisse du christianisme.

Ces propositions sont inséparables et ont toutes les trois la même importance ; mais c'est évidemment la troisième qui fait l'originalité de la doctrine. On a souvent proclamé la nécessité d'une religion ; on a souvent enterré le christianisme : c'est, à coup sûr, une nouveauté plus

(1) *De l'Humanité*, t. I, p. 180.

rare de professer que cette religion nécessaire — qui ne sera point le christianisme — devra cependant emprunter au christianisme son âme de vie et qu'elle serait mort-née si elle prenait ses racines ailleurs.

Il est utile d'y insister : interrompre la chaîne de la tradition est la plus mortelle faute que la philosophie puisse commettre. Pierre Leroux inflige le même blâme à ceux qui, au dix-huitième siècle, menèrent contre le christianisme une campagne « aveugle et antisociale », et à ceux qui, depuis la Restauration, s'imaginent, « comme des enfants », qu'en réagissant contre le dix-huitième siècle ils feront renaître le christianisme. Car cette mauvaise philosophie du dix-huitième siècle, devenue tradition elle-même, a rempli un rôle nécessaire dans l'œuvre de la civilisation et dans l'histoire de la pensée. Elle aussi fut « providentielle (1) ». Le passé, — tout le passé, — n'est pas seulement matière d'art ou d'érudition ; c'est la nourriture naturelle de nos intelligences et de nos âmes.

Donc, il faut retenir le fond vivant du christianisme, mais rejeter définitivement les formes usées de cette religion, qui n'est plus que de l'histoire, histoire glorieuse, histoire féconde, histoire qui contient l'avenir, mais qui est le passé.

Suivant nous, cette forme du passé est irrévocablement brisée; une nouvelle synthèse générale de la connaissance humaine s'impose, et le respect superstitieux qui s'attache encore à la religion du passé est un des plus grands obstacles aux progrès de tous genres que la société a à faire (2).

Et ailleurs :

Si ce christianisme officiel et menteur, qui n'est qu'un

---

(1) Article *De Dieu* au t. III de la *Revue indépendante.*
(2) Cité par M. Félix Thomas, *Pierre Leroux, sa vie, son œuvre, sa doctrine,* p. 46.

cadavre et une ombre, obtenait je ne sais quel aveu hypocrite de la part de ceux qui ont consacré leur vie à la vérité, il s'ensuivrait une prolongation indéfinie de ce mal affreux de l'irréligion qui nous dévore. Car il est évident que cette religion usée et décrépite, à laquelle on ne croit pas, empêche la véritable religion de naître et de s'établir (1).

Dans un très remarquable article, de 1831, sur la poésie de notre époque, contenu au tome LII de la *Revue ency-clopédique*, Pierre Leroux reproche avec tristesse à la prétendue poésie religieuse de la Restauration de se ratta-cher au christianisme sans y croire, et de chanter des idoles qu'elle sait n'être que des idoles. Elle ne regarde pas en avant, mais en arrière ; elle nous offre, au lieu de la vérité du temps présent et de sa vivante inspiration, je ne sais quelle « représentation » dernière du passé, que l'humanité, pleine d'inquiétude et d'effroi devant l'avenir, se donne mélancoliquement à elle-même avant de lui dire adieu pour jamais. « Je ne puis voir, dans tous ces chants chrétiens, qu'un deuil, une pompe funéraire et la plainte suprême sur un mort. »

Oui, grand poète (écrit-il éloquemment en s'adressant à Victor Hugo), tu sais dire la superstition de l'Arabe, et quand les Djinns funèbres passent en sifflant dans les airs, ton vers, comme une onde sonore, associe à tous les degrés du son tous les degrés du sentiment, depuis le calme le plus pro-fond jusqu'à la terreur la plus vive, depuis le souffle le plus léger jusqu'à la plus horrible tempête, par une admirable combinaison d'harmonie que l'art n'avait pas encore atteinte. Mais, quand tu laisses les superstitions du passé, quand tu ne fais plus de la poésie sur l'histoire, quand tu parles en ton nom, tu es comme tous les hommes de ton époque, tu ne sais rien dire sur le berceau, ni sur la tombe.... Poète, d'où vient l'humanité et où va-t-elle ? Voilà ce que tu ne sais

---

(1) Article *De Dieu* (déjà cité).

pas; voilà ce que croyaient savoir et ce que savaient, en effet, sous un voile prophétique, tous les grands artistes du moyen âge. Voilà ce que savaient ceux qui ont bâti les cathédrales; ce que savaient Dante, Raphaël, Michel-Ange...

Si, oubliant que l'art c'est la vie, vous faites uniquement de l'art pour en faire, souffrez que je ne voie plus en vous le prophète, le *vates*, que l'humanité a toujours cherché dans ses poètes.

La grande vérité que Pierre Leroux a héritée du christianisme, ou plutôt de toute la tradition philosophique et religieuse, c'est *Dieu*, conçu moins dans son idée abstraite que dans la vivante réalité de son action sur l'univers et sur les âmes. L'existence de Dieu lui est tellement nécessaire pour asseoir l'édifice de sa philosophie, qu'on peut presque dire qu'il en est plus persuadé que de celle du monde visible et des êtres créés. « Dieu est toujours notre base, la base où tous les êtres viennent prendre leur point d'appui ; il est l'arc-boutant où toutes les forces viennent s'étayer pour soulever les obstacles qu'elles ont à vaincre (1). »

Ce Dieu était-il pour lui une personne ? C'est probable, puisqu'il le priait. Cependant il évite l'anthropomorphisme, autant que la chose est possible sans tomber dans le panthéisme, et tous les penseurs savent si le sentier est glissant entre ces deux abîmes !

Etant au lycée de Rennes, il avait déjà trouvé sa formule de Dieu, qu'il écrivit, au grand scandale de ses professeurs, sur le tableau de la classe de mathématiques spéciales : « Il n'y a que des êtres particuliers. L'Etre universel se manifeste dans tous les êtres particuliers ; mais il n'y a pas, à titre d'être, d'Etre universel. » Cette rédaction un peu inquiétante prit, plus tard, dans le livre *De l'Humanité*, une forme plus acceptable : « Dieu est dans toutes les créatures, sans

---

(1) *De l'Humanité*, préface.

être ni aucune de ces créatures, ni toutes ces créatures ensemble. » Et Leroux appuie sa proposition sur la Bible, qui nous enseigne que Dieu est partout. Saint Paul ne dit-il pas que « nous sommes en Dieu, qu'en Lui nous avons la vie, le mouvement et l'être » ? Et saint Jean : « Au commencement était le Verbe, et le Verbe était avec Dieu, et le Verbe était Dieu. Toutes choses ont été faites par lui, et rien de ce qui a été fait n'a été fait sans lui. En lui était la vie, et la vie était la lumière des hommes. » — « Mon Père ! dit enfin Jésus-Christ dans sa prière suprême, garde en ton nom ceux que tu m'as donnés, afin qu'ils soient un comme nous... Je leur ai fait part de la lumière que tu m'as donnée, afin qu'ils soient *un* comme nous sommes un. Je suis en eux, et tu es en moi, afin qu'ils soient perfectionnés dans l'unité. »

Quand on est pénétré à ce point de la présence de Dieu, une sotte question, vainement débattue entre les moralistes, disparaît tout entière sans qu'on songe même à la poser : c'est celle de la morale dite *laïque* ou *indépendante*. Je ne me souviens pas que Leroux ait jamais daigné en faire le sujet de la moindre discussion. Il s'agit, en effet, pour les pauvres philosophes qui perdent leur temps à cette controverse, de décider si la sanction d'une peine ou d'une récompense posthume peut et doit entrer dans les motifs que nous avons d'être vertueux. Misérable pensée ! un calcul si intéressé, étant égoïste, immoral et impie, ne saurait seulement se présenter à l'esprit de l'homme vraiment religieux. L'homme pieux et bon fait le bien, non pas par un effort qui lui coûte et comme une chose plus ou moins pénible dont il sera un jour dédommagé, mais naturellement et avec plaisir. *Le devoir se confond pour lui avec l'amour*, avec l'amour des hommes et avec l'amour de Dieu.

C'est pourquoi Pierre Leroux nie simplement, comme
absurde, la possibilité d'une morale qui ne serait pas religieuse, et demande :

Que peut-on fonder sur l'athéisme? quelle morale peut-
on élever sur une métaphysique athée (1)... ? Sur quoi pou-
vez-vous fonder une éducation, une morale, sinon sur un
système embrassant le passé, le présent et l'avenir de l'humanité, les rapports des hommes entre eux, et les rapports
de l'humanité et de chaque homme avec Dieu?... Je défie
qu'on puisse donner à un enfant un seul principe de morale
sans aborder et, par là-même, sans résoudre de façon uo
d'autre la question religieuse (2).

L'union avec Dieu, c'est la religion même. Cette
union, Pierre Leroux l'entend d'une façon si purement
religieuse qu'en vérité elle ne diffère point de celle dont
la prédication chrétienne entretient, parmi les croyants,
l'habitude ou l'effort :

Au lieu de nous imaginer que nous sommes à présent
bien loin de Dieu, mais que, d'un seul bond, par la mort,
nous entrerons dans son paradis, comprenons que nous
sommes unis à Dieu dès à présent, d'une façon toute semblable à celle dont nous serons unis à lui après notre mort,
quand nous renaîtrons de nouveau à la vie : la différence
sera seulement dans le degré de notre intelligence, de notre
amour et de notre activité. Donc, puisque dès à présent nous
vivons dans le sein de Dieu, et que l'Infini nous éclaire dans
une certaine mesure, faisons effort pour puiser de plus en
plus à cette lumière; tournons-nous vers elle et conduisons-
nous par elle; non pas seulement en l'espérant comme à travers un rêve, mais en hommes qui la sentent et qui la possèdent déjà à un certain degré dans leur vie présente... Que
sera la vie future que nous imaginons? un état supérieur de
rapport avec l'Infini, avec l'Eternel. Eh bien ! mettons-nous

(1) *Revue encyclopédique*, 1832.
(2) *Revue indépendante*, citée par M. F. Thomas, p. 300.

en rapport avec ce Tout-Intelligent, ce Tout-Aimant et ce Tout-Puissant, comme le permettent les conditions actuelles de la nature et de la vie... Saisissez le ciel dans la vie présente. Si vous ne le saisissez pas dans la vie, il ne viendra jamais, il ne sera jamais. Quand nous aurons saisi, pour ainsi dire, la vie future dans la vie, nous possèderons réellement la vie future. Et si tous, ou beaucoup, ou plusieurs pensent ainsi, le ciel descendra sur la terre. « Partout où « vous serez deux ou trois, unis de cœur et d'esprit, je serai « avec vous », dit Jésus (1).

Ici, les personnes tant soit peu au courant du mouvement religieux dans le protestantisme depuis une soixantaine d'années *n'y tiennent plus* (si j'ose m'exprimer avec cette familiarité), et brusquement elles m'interrompent pour me poser enfin une question obsédante qu'elles ne peuvent retenir davantage :

— Pourquoi donc votre Pierre Leroux tient-il tant à nous dire qu'il n'est pas chrétien ? Il l'est au moins autant que Pécaut, que Sabatier, que Fontanès, que M. Ménégoz ou que M. Harnack...

C'est vrai, et si nous sommes les premiers à manifester un étonnement si naturel, c'est parce qu'on ne lit plus les écrits pleins de science, d'éloquence et de gravité de ce grand précurseur du *protestantisme libéral.* La question que n'eussent point faite nos pères, nos grands-pères encore moins, vient à toutes les pensées aujourd'hui et sur toutes les lèvres : — Quelle pudeur étrange ou quelle grave raison inconnue empêchait Leroux de se dire chrétien, puisqu'il semble l'avoir été à un degré éminent et rare, qu'envieraient tous les disciples du Christ *selon le type nouveau?*

Il faut le reconnaître : le christianisme, à force d'être

(1) *De l'Humanité,* t. I, p. 190.

expliqué, commenté, interprété en tous sens, surtout depuis un demi-siècle, est devenu une matière tellement malléable et plastique qu'il n'y a presque point de forme qu'il ne puisse recevoir ; les dogmes, grâce aux surprises de la fameuse « évolution », ont fini par signifier le contraire de ce qu'ils voulaient dire à l'origine. Il y a donc place, — très hospitalièrement, — dans un christianisme ainsi élargi, pour la philosophie de Leroux ; il ne dépend que d'elle d'y entrer.

Cette philosophie ne le cède point, en onction religieuse, au « christianisme moderne, » au « protestantisme libéral », et le fond en est *identiquement le même*. Je mets la critique au défi d'y découvrir la moindre différence. Quel est ce fond ? c'est *l'unité de Dieu, père des hommes*, au sens strict des mots, au sens qui *admet la Providence, la prière et la foi*, mais qui *exclut la divinité du fils de Marie*.

Il est faux, dit nettement Leroux, que Jésus soit Dieu, que nous devions l'adorer comme la Divinité elle-même... L'immanence de Dieu en chacun de nous fait que nous sommes tous participants de sa nature et dieux à ce titre ; cette immanence nous fait tous fils de Dieu... Tous les hommes étant ainsi fils de Dieu, comment Jésus se dit-il particulièrement « fils de Dieu »? Il nous l'explique: *Si l'Ecriture a appelé dieux ceux à qui la parole de Dieu était adressée, et si l'Ecriture ne peut être rejetée, dites-vous que je blasphème, moi que le Père a sanctifié et qu'il a envoyé dans le monde, parce que j'ai dit : Je suis le Fils de Dieu?* Jésus se croit donc Fils de Dieu d'une façon particulière, uniquement en ce sens que le Père l'a sanctifié et qu'il lui a donné une mission, un apostolat dans le monde.... Jésus n'était fils de Dieu que parce qu'étant de Dieu, comme nous tous, il s'était élevé à Dieu plus que tous les mortels, et avait fait l'absolu sacrifice de la nature humaine en lui, pour développer en lui ce germe de Dieu qu'il avait comme toutes les créatures.

Pierre Leroux ajoute avec une grande force : « Pour

être abreuvé de Dieu, Jésus était homme... Entendre la
divinité de Jésus comme une différence générique d'essence est une idolâtrie... Il n'y a au fond de Jésus que
Dieu, le Dieu manifesté en lui, qui soit adorable (1). »

Et que dit, à son tour, le doyen d'une faculté de théologie.
protestante, auquel nous devons deux grands ouvrages
qui ont, dans ces dernières années, passionné le monde
religieux, — protestants que l'orthodoxie ne peut plus satisfaire, et catholiques émancipés du *Syllabus* ?

La divinité métaphysique de Jésus nous le rend essentiellement étranger. Il n'est plus mon frère.... Ce christianisme,
sous les formes d'une métaphysique transcendante, n'est
qu'une nouvelle mythologie... Dieu veut habiter l'âme humaine. Le Père céleste s'incarne dans le Fils de l'Homme, et
le dogme de l'Homme-Dieu, interprété par la piété de chaque
chrétien, non par la subtilité métaphysique des docteurs,
devient le dogme caractéristique et central du christianisme... Comprenez cette consommation du divin et de l'humain qui se cherchaient et s'appelaient dans le vœu obscur de
la conscience... L'effusion et l'habitation du Saint-Esprit dans
l'âme de tous les chrétiens les rend, eux aussi, fils de Dieu ;
ils jouissent, par cet Esprit, du même commerce direct et
permanent avec le Père (2).

Et encore :

Une critique un peu attentive élague sans violence les
prodiges de l'histoire évangélique... La régularité grandiose
et souveraine des lois de la nature et de l'harmonie de l'univers a pénétré tous les esprits; notre piété, dans ses heures
de lumière, ne se révolte pas contre ces lois, mais nous fait
considérer comme essentiellement religieux l'acte de les
contempler, de les célébrer et de nous y soumettre. Ceux qui
prennent une attitude contraire deviennent rares... L'histoire

(1) *De l'Humanité*, t. II, p. 33o, 388, etc.
(2) *Esquisse d'une philosophie de la religion*, p. 191, 125, 41.

du miracle, dans l'Eglise même, rappelle cette peau de chagrin qui se rétrécissait à mesure que son possesseur avançait en âge (1). — L'inspiration religieuse n'est pas psychologiquement différente de l'inspiration poétique (2). — Un sentiment filial à l'égard de Dieu, fraternel à l'égard des hommes, fait le chrétien.... Cessez, âmes inquiètes, de vous tourmenter inutilement et de vous croire hors de la religion du salut, parce que vous faites de vains efforts pour vous approprier des dogmes et des croyances contre lesquelles portestent invinciblement votre raison et votre conscience (3).

Sabatier rejette simplement, comme périmés, les dogmes du Diable et des démons, de l'enfer et du paradis, de la création, de la chute, de l'ascension, etc. Il transforme de fond en comble, par une ingénieuse alchimie, ceux de l'inspiration des prophètes et des apôtres, de l'expiation, de la rédemption et de la divinité du Christ.

Donc, encore une fois, les doctrines sont pareilles. Il n'y a, dans la manière de les présenter, qu'une seule différence, bien singulière : c'est que le philosophe, détaché du christianisme, ne peut qu'édifier ses lecteurs, tandis que le théologien, demeuré dans le christianisme, court le risque fâcheux d'en scandaliser quelques-uns.

Nous demandions tout à l'heure : Pourquoi Pierre Leroux ne voulait-il plus être chrétien ? Une réponse cruellement piquante à cette question serait : Dites plutôt pourquoi *l'autre* a voulu le rester. Si, avec les mêmes affirmations et les mêmes négations, on peut, à volonté, avouer ou désavouer le christianisme, il faut supprimer l'équivoque des mots et regarder les choses en face.

Pierre Leroux — ne nous lassons pas de le redire — était profondément *religieux*, parce qu'il vivait dans une com-

---

(1) *Esquisse d'une philosophie de la religion* p. 72, 83.
(2) *Ibid.*, p. 99.
(3) *Les religions d'autorité et la religion de l'esprit*, p. 502.

munion intime avec Dieu et avec l'humanité ; il conservait beaucoup du christianisme, parce qu'il croyait que la vérité d'aujourd'hui est contenue dans celle d'hier et que, sans tradition, rien n'est viable et solide ; mais ni lui ni ses contemporains n'auraient compris qu'une vérité aussi nouvelle, aussi différente de l'ancienne, bien qu'elle en soit issue, pût s'appeler du même nom.

Quand la Bible, où nos pères virent la Parole de Dieu, n'est plus que le meilleur et le plus beau des livres humains ; quand, la divinité transcendante du Christ étant niée, le fils de Dieu devient un mortel comme un autre, né d'une femme, sujet au péché, poussière retournée en poussière ; quand le surnaturel s'effondre tout entier à la lumière de la science, — non pas seulement les légendes puériles, telles que la multiplication des pains et des poissons ou l'eau changée en vin aux noces de Cana, mais le miracle considérable de la résurrection de Lazare, et le miracle fondamental, essentiel, de la résurrection du Sauveur, origine, raison, pilier du christianisme, qui s'écroule avec lui, — ces gens simples croyaient, dans leur simplicité, que la *religion*, besoin éternel de l'homme, peut subsister toujours et subsiste ; mais ils trouvaient plus franc et plus loyal de dire : Nous ne sommes pas *chrétiens*.

Il ne suffit point de détruire l'erreur ; il peut même être plus sage de la laisser vivre, si on ne la remplace pas par une vérité. Pourquoi ? par la raison qu'il n'y a guère, en morale, de faux ni de vrai absolu ; car, si une idée était fausse absolument, il est clair que sa destruction serait un gain.

Pierre Leroux ne tombe pas dans la faute ordinaire des critiques religieux, qui démolissent sans pitié notre maison, parce que c'est une vieille masure, et puis nous laissent sans abri. En proclamant la ruine des antiques croyances mythologiques au ciel et à l'enfer, il leur a substitué une doctrine positive, qui est moins la négation que l'évolution de l'ancienne foi, et qui en conserve à peu près tout ce qu'elle a de bon et d'utile.

C'est la doctrine de la *palingénésie*. Elle enseigne que les mêmes hommes renaissent sur la terre dans une suite indéfinie d'existences, en sorte que « nous ne sommes pas seulement les fils et la postérité de ceux qui ont déjà vécu, mais *au fond et réellement* ces générations antérieures elles-mêmes », recommençant une nouvelle étape de leur existence éternelle.

Comme la métempsycose, comme la migration céleste d'étoile en étoile, — beau songe de Jean Reynaud, — comme les Champs-Élysées et le Tartare, comme le paradis de Mahomet, et comme tous nos rêves sur la destinée des âmes après la mort, la palingénésie terrestre n'est évidemment et ne peut être qu'une conjecture, à laquelle il devrait suffire de proposer aux raisonnements de l'imagination une vraisemblance spécieuse. Mais Pierre Leroux croyait fermement à la vérité de sa doctrine, et il ambitionnait pour elle beaucoup plus qu'un minimum de démonstration qui eût seulement consisté à la rendre plausible.

L'immense valeur que la tradition avait à ses yeux lui rendait infiniment désirable et nécessaire d'établir qu'au fond « l'idée des anciens sur la vie future a été toujours et partout que l'homme renaissait dans l'humanité », et comme, dans un certain ordre de questions, ce que nous croyons, c'est ce que nous voulons croire, il a voulu retrouver et il retrouve ses propres idées dans la poésie de Virgile, dans la philosophie de Platon, dans les leçons obscures et mal comprises de « cette grande figure voilée

qu'on nomme Pythagore », dans une lettre de consolation
d'Apollonius de Tyane au proconsul d'Asie sur la mort de
son fils, dans l'enseignement de Moïse et dans celui de
Jésus.

Et telles sont les ressources de son érudition, la force et
la souplesse de sa dialectique, la beauté quelquefois de
son style et de son éloquence, l'ardeur toujours entraînante
de sa conviction surtout, que nous finissons par en subir
le charme, et qu'à demi persuadés nous songeons : l'idée
n'est pas plus déraisonnable que bien d'autres ; elle l'est
même beaucoup moins que d'autres, qui eurent une très
grande vogue... et pourquoi ne serait-elle pas vraie, après
tout ?

Fourier, inventeur du système phalanstérien et adepte
de la palingénésie, fondant ses chiffres sur je ne sais quel
calcul, — probablement sur la durée qu'il attribuait à l'humanité, — fixait à *quatre cent cinq* (vers 1826) le nombre de nos
existences terrestres successives. Cette précision absurde
est l'écueil. Toute doctrine sur la vie future risque, si on
la serre de trop près, de sombrer dans le ridicule. Mais
Leroux échappe à ce péril, parce qu'il se tient constamment dans la haute sphère des idées les plus générales.
Avec quelle noblesse ne commente-t-il pas la belle réponse
de Jésus à l'indécente et insidieuse question des Saducéens
incrédules : Une veuve a eu sept maris; duquel sera-
t-elle femme dans la résurrection ?

Jésus répond : Ni cette veuve ni ses sept maris' ne ressus-
citeront en tant que tels. Ce sont des phases passées de
leur existence, des phases qui sont tombées sous l'empire de
la mort. La résurrection ne consiste pas dans la résurrection
de ces formes. L'être, dans ces hommes et dans cette femme,
renaîtra ; car il est éternel, il *est*; et la résurrection consiste
en ceci, que cet être ou ces êtres se manifesteront de nouveau.

Mais ils ne se manifesteront pas comme ils se sont mani-
festés... Ce qui vivra, ce sera ce qui avait produit ces
formes, l'être qui s'était montré sous ces formes, et qui se
montrera alors sous d'autres formes. Vous voudriez que
la résurrection reproduisît l'état antérieur et les formes
tombées dans la mort : en cela vous êtes dans une étrange
erreur, et, pour des docteurs, vous pensez bien puérile-
ment !... Dieu saura bien trouver la solution de ce nombre
sept et le ramener à l'unité (1).

La constante erreur que les hommes commettent, suivant Pierre Leroux, c'est de confondre la vie avec les
manifestations de la vie. Ne connaissant la vie que par sa
manifestation présente, c'est la forme actuelle qu'ils voudraient éterniser, et lorsque, parvenue à un terme inévitable,
cette forme disparaît, ils appellent cela *mourir*. Ils prennent
au sérieux une apparence. En réalité, rien ne meurt, rien
ne naît, rien n'est créé, rien n'est détruit. Quand une chose,
dit Apollonius de Tyane, passe de l'état d'essence à l'état
de phénomène, nous appelons cela *naître*, comme nous
appelons *mourir* le fait de rentrer de l'état phénoménal
dans l'état essentiel.

Vivre, c'est changer. Il est étrange que les hommes ou-
blient ou comprennent si mal cette condition de la vie —
l'éternelle mutation — et qu'ils ne sachent pas voir que
vivre, c'est mourir *continuellement* à une certaine forme
pour renaître à une autre forme. Entendez bien ceci : « continuellement ». L'objection commune et superficielle,
qu'on reproduit sans cesse contre notre espérance de recommencer sur la terre ou ailleurs une nouvelle vie, c'est
qu'ayant oublié l'ancienne, nous n'aurons pas conscience
d'être les mêmes hommes, et alors que nous importera
d'avoir déjà vécu ? Au lieu de comprendre l'identité ou

(1) *De l'Humanité*, t. II, p. 156.

l'intime relation de ces trois termes : *vie*, *changement*, *oubli*, « la plupart des hommes voudraient qu'on leur démontrât qu'ils seront transportés dans la vie future avec tout leur bagage de souvenirs et tout l'attirail de leurs manifestations actuelles, absolument comme ils se transportent en voiture d'un lieu à un autre ! Et si on rit de leur folie, alors ils baissent tristement la tête et ne voient plus que le néant. Ce ne sera plus moi, disent-ils, si je ne me souviens pas. »

Mais considérez donc ce qui se passe au cours de notre existence présente : la succession des âges est accompagnée d'un oubli presque total de la trame des menus faits qui avaient constitué notre enfance, notre jeunesse, notre maturité, — profonde submersion où ne surnagent que quelques rares souvenirs. Sommes-nous sûrs, à huit jours de distance seulement, de nous rappeler nos faits et gestes ? La prétention des juges, d'exiger des accusés et des témoins qu'ils rapportent avec exactitude ce qu'ils ont fait ou ce qu'ils ont vu il y a un an, il y a un mois, il y a une semaine, et l'importance capitale que les tribunaux attachent à leurs vagues réponses, ne sont-elles pas une énorme erreur psychologique ?

La persistance de notre identité ne reçoit aucune atteinte des défaillances de notre mémoire ; l'énergie vitale qui est en nous se déploie même et se montre d'autant plus puissante et plus active que nous sommes moins occupés de ce que nous fûmes et de ce que nous fîmes, pour nous élancer dans l'avenir avec un plus complet oubli du passé.

La mémoire affaiblie de l'homme encore vivant fait place à des facultés plus précieuses et plus originales ; celle que la mort a définitivement abolie se transforme, chez l'homme qui commence une autre existence, en prédispositions virtuelles innées.

Voulez-vous vivre ? oubliez ! N'est-ce pas ce que nous nous disons souvent nous-mêmes les uns aux autres dans les crises de notre vie ? Et nous voudrions continuer à être obsédés, de vie en vie, par tous les détails de notre existence ! Un enfant parvenu à l'âge de marcher a-t-il besoin de se rappeler tous les faux pas qu'il a faits au début ? Quand nous parlons, est-il nécessaire que nous nous souvenions de notre premier bégaiement et de toutes les fautes de langage que nous avons commencé par faire ?

Oh ! que les anciens étaient plus dans la vérité avec leur mythe du fleuve Léthé ! Les plus nobles héros, les plus grands sages n'aspiraient, suivant eux, qu'à boire à longs traits ces eaux d'oubli, sans croire perdre pour cela leur existence, leur être, leur identité, leur personnalité, leur moi.

La persistance de la mémoire, comme la comprennent et la voudraient la plupart des hommes, serait le plus grand obstacle au progrès, un enchevêtrement absolu au développement de la vie dans l'espèce et, par conséquent, dans les individus eux-mêmes. Prenez les plus grands hommes dont l'histoire fasse mention, et imaginez-les transportés, avec cet attirail de la mémoire de leurs manifestations, dans un âge suivant : ne voyez-vous pas combien ce prétendu trésor leur deviendrait pernicieux, et les rendrait eux-mêmes funestes au progrès des choses humaines ? N'est-il pas évident qu'ainsi attifés de leur passé, de ce passé qui a dû périr pour que la vie se continue, ils ne seraient nullement propres à revêtir la forme nouvelle que le progrès de la vie nécessite (1) ?

L'arbre de la science du bien et du mal, dont le fruit mangé en désobéissance par Adam fut cause de sa mort, suggère à l'auteur du livre *De l'Humanité* un commentaire profond. Une conception véritablement religieuse de l'harmonie de l'univers défend, selon lui, d'établir, entre l'homme et l'animal sans conscience, cette séparation absolue que pose orgueilleusement la philosophie spiri-

(1) *De l'Humanité*, t. I, p. 228.

tualiste (1). Nulle créature ne meurt réellement, pas plus les bêtes que les hommes, puisque la mort n'est qu'une apparence ; mais tout meurt, hommes et bêtes, dans son existence actuelle et formelle, pour renaître sous une autre forme. Qu'a donc introduit de nouveau et de funeste la science témérairement ravie par l'homme dans le jardin d'Eden ? Ceci : *la connaissance de la mort* ; et une connaissance qui fait son désespoir, parce qu'elle est erronée, et que l'homme prend pour « le roi des épouvantements » ce qui n'est qu'un simulacre et une ombre. Celui-là seul meurt qui a peur de la mort, qui se sent mourir, se sait mourir, *se croit mourir* ; voilà pourquoi on peut dire avec vérité que l'animal, étant étranger à ce sentiment, à cette connaissance, — à cette *illusion*, — existe toujours et ne meurt pas.

L'idée de l'éternité de notre être est indispensable pour donner à la vie humaine cette valeur *religieuse*, — hors de laquelle elle n'est qu'un vain bruit dans le vide, — pour relever l'existence et pour fonder la morale. Mais la religion est plus pure et la morale plus saine lorsque, — à la différence des chrétiens, — nous croyons que notre véritable séjour *est ici-bas*, et que nous rejetons résolument la chimère d'un autre monde peuplé par les anges du ciel.

Car tout ce qui tend à nous désintéresser de la vie, à diminuer pour elle notre estime et notre affection, à nous la faire considérer comme rien, « au prix, disait saint Paul, de la gloire infinie qui nous est réservée », tout cela ne peut avoir qu'une conséquence fâcheuse en aboutissant logiquement à l'ascétisme et à l'existence absurde des moines. La terre, pensait Leroux, n'est pas hors du ciel, de même

(1) Voyez le second article sur *la Philosophie de M. Jouffroy*, dans la *Revue encyclopédique* de 1833.

que Dieu n'est pas hors du monde. Si nous réservons le ciel à je ne sais quelle existence ultra-terrestre, — plus que problématique, — et si nous en dépouillons la vie présente, nous perdrons le sentiment précieux du divin qui nous entoure et nous enveloppe. Non, non, ne mettons pas tout le ciel dans une vie après la mort, afin, dit-il admirablement, « qu'il nous reste du ciel pour celle-ci ! »

La palingénésie explique seule certains phénomènes mystérieux. D'où viennent les sympathies qui nous attirent, comme d'avance, vers certaines créatures, les antipathies qui nous repoussent instinctivement et sans raison connue ? Elles ont leurs origines dans des existences antérieures. Si l'oubli du passé est la loi générale de notre vie, nous avons cependant des réminiscences, comme aussi des pressentiments, qui ont vivement frappé Platon, Descartes et Leibniz. Ces philosophes considéraient l'enfant, — que nous imaginons né d'hier pour mourir demain, — comme un être éternel qui a déjà vécu et qui vivra encore, capable d'absorber le total énorme de la science accumulée par les siècles parce qu'il en a suivi les progrès dans d'autres vies et parce qu'il apporte en naissant un cerveau de plus en plus volumineux (1). Nous héritons de tout le passé, et nous venons au monde avec une capacité toujours accrue de recueillir cet héritage sans cesse grandissant.

Les idées de tradition, de solidarité, de progrès, qui nous sont devenues si familières, perdent leur aspect banal, elles

---

(1) « Les cerveaux s'élargissent comme les pensées », a écrit Pierre Leroux, et cela est vrai à la lettre. « La différence moyenne du volume entre les crânes les plus grands et les plus petits est de 600 centimètres cubes chez les Parisiens modernes, 470 chez ceux du douzième siècle, 350 chez les anciens Égyptiens. » *Les Sociétés,* par le docteur Lebon. Cité par Th. Ruyssen, *Essai sur l'évolution psychologique du jugement,* p. 315. Voyez aussi, dans la *Revue* (ancienne *Revue des Revues*) du 1ᵉʳ octobre 1904, un article du docteur P. Le Damany sur l'*Avenir de l'espèce humaine.*

reçoivent un relief tout nouveau, un sens *matériel et réel*,
lorsqu'on prend, avec Leroux, au pied de la lettre la
fameuse image où Pascal compare cette « longue suite de
siècles » à « un même homme qui subsiste toujours ».
Auguste Comte disait que l'humanité se compose de plus
de morts que de vivants. Pierre Leroux dit plus et dit
mieux. Il n'y a point de morts, dans sa philosophie, *il n'y a
que des vivants*. Les morts revivent, et l'humanité se compose
d'une procession *éternelle* d'individus, toujours les mêmes
en substance, qui ne meurent que dans leur forme et
renaissent sans fin.

La palingénésie, loin d'être contraire à la religion chrétienne, éclaire parfois ses vérités les plus obscures, comme
une glose qui explique et développe le texte.

Le paradoxe si choquant de la désobéissance des pères
punie sur les enfants jusqu'à la dernière génération trouve
sa justification dans cette doctrine. Si la vie des hommes
n'était pas « collective », si elle ne formait pas « comme un seul
faisceau », et si, de cette façon, l'Adam qui vit aujourd'hui
n'était pas l'Adam qui a vécu hier, l'Adam qui a vécu il y
a six mille ans, ou plutôt « l'Adam éternel », comment
pourrait-on rendre acceptable à la conscience humaine la
responsabilité qui pèse encore sur nous d'un péché commis
par un autre il y a soixante siècles (1)?

La régénération du cœur ou *nouvelle naissance*, l'avènement du royaume de Dieu *dans le ciel* et l'avènement du
royaume de Dieu *sur la terre*, — ces trois formes diverses de
l'évangile de salut que Jésus-Christ est venu apporter aux
hommes, — ne sont au fond que l'espérance confuse que le
monde eut toujours d'une palingénésie et qui fut plus fer-

(1) *De l'Humanité*, t. II, p. 32.

vente que jamais au temps de Virgile et d'Auguste : *Magnus ab integro sæclorum nascitur ordo*. Pierre Leroux concilie, avec une sereine hauteur de vue, les trois *bonnes nouvelles* différentes, mais non point contradictoires, qui composent le triple aspect de la révélation évangélique.

Des théologiens moins larges que lui ou d'une moindre onction religieuse insistent, de nos jours, peut-être un peu trop exclusivement, sur ce qu'il y a de transitoire et de caduc dans l'Evangile.

L'attente de la *parousie*, écrit un théologien catholique, c'est-à-dire, du prochain avènement du Christ dans la gloire, fut évidemment une erreur, — comme les faits l'ont montré, — et cette erreur ne date pas d'une génération postérieure à l'Evangile ; *elle est dans l'Evangile même* :

La prédication du Christ, dans les trois premiers évangiles, n'est guère qu'un avertissement à se préparer au jugement universel qui va s'accomplir et au royaume qui va venir... Jésus n'a été condamné à mort que pour ce motif. S'il n'avait prédit que le règne de la charité, Pilate n'y aurait pas trouvé grand inconvénient (1).

Jésus croyait venir aux derniers jour du monde, écrit, de son côté, un théologien protestant... Toutes les âmes pieuses d'Israël croyaient vivre dans la dernière période de l'histoire. La prédication du Baptiste avait vivifié cette croyance dans la Palestine. Jésus la partageait sûrement : « *Cette génération ne disparaîtra pas avant que l'heure divine ait sonné...* » Sans aucune exception, les apôtres et les chrétiens de la première génération attendaient de jour en jour le retour triomphant de leur Maître sur les nuées du ciel. Toute l'Apocalypse de saint Jean est édifiée sur cette espérance. Paul ne fait pas exception... Une telle vue obsédante détachait les fidèles de la terre, leur ôtait tout souci de l'avenir... L'avenir était barré pour eux. Ils croyaient vivre aux derniers jours du monde.

---

(1) L'abbé Loisy, *Autour d'un petit livre*, p. 68.

Une foule de choses qui nous étonnent dans leur conduite ou leurs idées, — communauté des biens, insouciance des persécutions et des menaces, dédain même du mariage et d'autres biens terrestres, — s'expliquent à la lumière de leurs espérances apocalyptiques (1).

Remarque très intéressante et, sans doute, très vraie ; mais ce que la piété tient à dire plus que tout le reste, c'est que l'Evangile prêche d'abord la conversion du cœur et la vie éternelle. N'est-ce pas une chose admirable que Pierre Leroux, le philosophe, rende ici à la riche complexité du divin livre un hommage si pénétré d'esprit évangélique qu'il n'y a rien de plus pieux, rien de plus édifiant dans tout ce que la théologie chrétienne a écrit ?

Palingénésie, comme dit l'Evangile, palingénésie sous toutes ses formes, renaissance, renouvellement, nouvelle genèse, création nouvelle : voilà le mot d'ordre qui parcourut le monde à l'époque de Jésus-Christ. Cette palingénésie, on la voyait dans l'univers, on la voyait dans la société civile et politique, on la voyait dans l'homme ; elle avait trois formes, une forme cosmique ou physique, une forme sociale ou politique, une forme psychique ou psychologique...

L'Evangile est un tissu fabriqué, avec un art aussi naturel que prodigieux, de trois fils différents... Vous croyez suivre l'idée cosmologique, l'idée de la palingénésie générale de l'univers : à l'instant l'idée politique surgit... Voici le Messie, le fils de David, le roi prédit aux Juifs... Mais à l'instant où vous allez dire : Voilà l'idée que Jésus représente, un troisième aspect s'empare de vous... Il est venu au monde pour enseigner *la vie*... Il veut que ses disciples et tous ceux qui viendront à la vérité par ses disciples soient un avec lui et avec son Père. Si les Juifs comprennent la vérité, il s'en réjouira, car ils sont les aînés de la famille... Mais s'ils ferment l'oreil! · à la parole de Dieu, Dieu saura trouver ailleurs ses enfants... Samaritains et Juifs sont égaux aux yeux de cet

(1) Sabatier, *Les religions d'autorité et la religion de l'esprit*, p. 56 et suivantes.

homme. Les gentils même, les Syriens, les Grecs sont déjà reçus par lui, en attendant que son disciple saint Paul entreprenne, sur une plus large échelle, la formation de ce peuple nouveau au sein duquel la nationalité hébraïque doit se fondre avec toutes les autres...

La palingénésie que Jésus représente est donc, sous cette forme, une rénovation spirituelle de l'homme, une résurrection psychologique. Rentrez dans l'unité, dans la charité, dans la fraternité, et vous vivrez. Comprenez le sens profond de la doctrine de Moïse, et vous vivrez. Aimez Dieu de tout votre cœur et votre prochain comme vous-même, et vous vivrez. A tous ceux qui demandent à Jésus comment ils parviendront *à la vie éternelle*, Jésus répond : Entrez dans *la vie*. La vie, dans le sens divin où il la comprend, est identique avec la vie éternelle.

C'est ainsi que, suivant le point de vue où l'esprit se place dans la contemplation de ce livre étonnant qu'on appelle l'Evangile, la *palingénésie messianique* ou le *règne de Dieu* revêt trois formes différentes, qui s'enveloppent, pour ainsi dire, les unes les autres, et, quoique fort distinctes si on les isole par l'analyse, se confondent synthétiquement (1).

La palingénésie de Leroux, comme celle de l'Evangile, est une idée très large et très compréhensive où entrent des choses diverses — je ne dis pas contraires — qu'il faut admettre à la fois. Bien loin d'exclure la notion du progrès, elle ne peut pas se concevoir sans cet indispensable complément. C'est, à mon sens, pour avoir oublié ou méconnu l'étroite corrélation de ces deux choses, *palingénésie* et *progrès*, qu'on a fait à la doctrine une objection, présentée par Taine d'abord, à propos de la palingénésie planétaire de Jean Reynaud, et reprise par M. Félix Thomas, comme une des plus graves qu'on puisse adresser à la palingénésie terrestre de notre philosophe.

Si, disent l'un après l'autre ces deux critiques, les condi-

(1) *De l'Humanité*, t. II, pp. 212 et suivantes.

tions d'existence faites à chaque homme, au commencement de sa vie nouvelle, répondent exactement aux mérites de sa vie antérieure, — le présent n'étant que la suite
du passé, selon l'ordre éternel de Dieu, — comment
aurions-nous et le pouvoir et le droit de porter atteinte
par notre volonté au cours inflexible des choses?
Qu'elles restent donc ce que « la justice et la mathémati-
que suprême » les ont faites! Que les inégalités sociales
subsistent toutes! Que l'enfant né pauvre vive pauvre
et meure pauvre, puisqu'il a reçu exactement la part que
sa destinée lui devait !

Non, ce fatalisme n'est point la conséquence logique de la philosophie de notre auteur envisagée dans
son ensemble harmonieux. La doctrine du progrès venant
compléter et achever heureusement celle de la palingénésie, l'objection tombe tout entière. Elle ne serait vala-
ble que si le monde était condamné à une sorte d'immobilité de fond dans la succession de ses formes; mais
une idée si fausse historiquement et philosophique-
ment est tout ce qu'il y a de plus contraire à la pensée
éclairée, libérale et généreuse de Pierre Leroux. La nature
humaine, suivant lui, se perfectionne continuellement;
chaque fois que nous renaissons dans l'humanité, nous
naissons plus forts, plus intelligents, plus vertueux. Le
monde dans lequel nous recommençons à vivre est un
monde meilleur, plus rapproché du type éternel de justice
et de perfection vers lequel gravite l'humanité (1).

Mais, si le dernier biographe de Pierre Leroux s'est
trompé sur ce point, il a dit bien vrai en écrivant qu' « il ne
s'est pas rencontré dans tout le dix-neuvième siècle un
esprit plus religieux ».

(1) Voy. ALFRED SUDRE, *Histoire du communisme*, page 454.

Notre philosophe était religieux avec un tel excès, si l'on ose ainsi dire, qu'il n'admettait pas la distinction ordinaire du corps et de l'âme, du temporel et du spirituel, et que, — bien loin de conclure, avec les libéraux comme avec les socialistes d'aujourd'hui, à la séparation des églises et de l'Etat, — il prétendait, à l'instar de Spinoza, « remettre au souverain l'administration des choses saintes » et instituer une « religion nationale ». Il ne voulait pas que l'Etat méconnût le premier de ses droits et de ses devoirs, qui est de présider à l'éducation morale *et religieuse* de la jeunesse. Et il prétendait conserver intacte, dans cette organisation, sinon la liberté religieuse des « sectes », du moins celle des individus.

Je suppose, écrit-il, que la vérité religieuse, la foi, l'enthousiasme, la poésie, la science aient pris la place de l'ignorance et de l'athéisme auprès du berceau, du lit nuptial et de la tombe, et que la municipalité soit devenue ce qu'elle devrait être, un lieu auguste, un temple : en quoi votre conscience pourrait-elle être lésée par de telles cérémonies? Vous trouvez que la prière prononcée sur la tête de votre enfant ou sur la tombe de votre mère ne répond pas à votre religion : corrigez-la. Faites plus : vous êtes citoyen, et, comme tel, vous faites partie de l'Eglise. Demandez hautement que le culte qui ne vous contente pas soit modifié, et proposez vous-même à vos concitoyens une autre prière.

Si, au lieu du penseur religieux, nous avions étudié le socialiste, nous n'aurions pas pu faire un pas dans cette autre étude sans rencontrer, au seuil même, — ouvrant tout, dominant tout, base et couronne de l'édifice, — le nom auguste de Dieu : car Leroux pensait que toute question sociale est une question religieuse et que la véritable plaie de notre époque est l'absence de religion.

1904.

LA CRISE
DES CROYANCES CHRÉTIENNES

Charles Secrétan raconte, dans une note de son livre
sur *la Civilisation et la Croyance*, qu'en 1869 il eut l'honneur d'avoir à sa table le vieux philosophe Pierre Leroux.
La conversation s'étant engagée sur des sujets religieux,
Leroux déclara que le fondement du christianisme était
le dogme de la Trinité. Il avait lui-même, sur la Trinité
ou trinité, autrement dit sur la *triade* ou sur la vertu du
nombre *Trois*, des idées très particulières, auxquelles il
était attaché avec ferveur et qui constituent, dans sa philosophie religieuse, l'appoint de l'élément mystique. J'ai
pu cependant faire de celle-ci une exposition suffisante, sans
tenir compte de cette singularité ; la doctrine de Pierre
Leroux est, en somme, à la fois si raisonnable et si
pénétrée d'esprit religieux que, s'il peut y avoir une *religion rationnelle*, c'est le nom qu'elle mérite sûrement de
porter.

Concilier la religion avec la raison est l'ambition naturelle du cœur et de l'esprit humains.

La méthode rationaliste suivie par l'ancienne orthodoxie et qu'un vers de Louis Racine résume bien :

La raison, dans mes vers, conduit l'homme à la foi,

n'était rien moins qu'une *conciliation*, puisqu'elle abou-
tissait, au contraire, à l'abdication éclairée et libre de la
raison, convaincue, par sa propre dialectique, que la Bible
est le livre de la révélation divine. Pourquoi la raison abdi-
quait-elle ? Parce que, si Dieu a parlé, c'est, sans doute,
pour révéler à l'homme des choses inconcevables qui ne
seraient jamais venues d'elles-mêmes à sa pensée.

Mais il y avait, dans cette manière d'établir l'autorité des
Écritures, un cercle vicieux : car les arguments par lesquels
la raison était invitée à donner finalement sa démission,
étant d'ordre logique, restaient discutables malgré leur
victoire, obtenue peut-être par surprise. C'est une chimère d'espérer que la raison un instant excitée, puis
endormie après un court exercice, ne se réveillera plus
et restera sagement dans son lit.

Il est donc arrivé, un jour, par le simple usage de la
réflexion, qu'on a dû reconnaître que les vieilles apologies
du christianisme ne valaient rien ; que les preuves tirées de
la réalité des miracles et de l'accomplissement des prophéties étaient de fragiles édifices appuyés sur le vide, et
qu'eussent-ils une solidité à toute épreuve, il n'y a ni lien,
ni passage, ni union, ni aucune espèce de rapport entre
la contrainte exercée sur l'esprit par la force d'un raisonnement logique, et la foi religieuse, qui est un sentiment de
l'âme.

On ne peut vraiment concilier la religion et la raison
qu'en rendant la religion rationnelle, religieuses la science
et la philosophie.

Ne nous empressons pas de déclarer vaine l'entreprise.
Certains hommes ont adoré Dieu, prié Dieu, cru en Dieu,
sans sacrifier la moindre parcelle de leur raison de savants ou de philosophes. De ces penseurs pieux et sages,

Pierre Leroux, tel que je l'ai fait voir, est un exemple, rare, il est vrai, mais non pas absolument unique. L'opinion vulgaire, justifiée, je l'avoue, dans la plupart des cas, sur la religion rationnelle ou « naturelle », c'est qu'elle est de la rhétorique pure, admirable matière à mettre en vers ou en discours, mais sans la moindre vertu pour guider l'homme, pour le fortifier et le consoler. Les critiques confirment ce jugement du monde. « Saisset, écrit M. Albert Bazaillas, ne fait guère que de la rhétorique émue ; on sent qu'il a de la peine à constituer avec ces froides entités une philosophie religieuse, et qu'il se bat quelque peu les flancs pour célébrer dignement ces pompeuses abstractions (1). »

Cependant, il ne serait pas juste de prétendre que *tous les théistes* ne sont que de brillants diseurs de lieux communs sonores. Charles de Rémusat s'est élevé avec éloquence contre « l'opinion témérairement excessive qui veut que le théisme sans révélation ne soit qu'une vague inconséquence, que l'homme livré à lui-même soit destiné à ne pas croire en Dieu et n'ait aucune bonne raison d'y penser (2) ». Cet écrivain nie que la religion dite naturelle soit toujours restée une pure déclamation philosophique, sans lumière pour les esprits, sans force et sans consolation pour les âmes. Il affirme l'efficace et longue influence, sur les hommes du dix-huitième siècle finissant et du dix-neuvième en son premier tiers, de la *Profession de foi du vicaire savoyard*. Il cite, comme marquée du caractère proprement religieux, la mort de certains Girondins qui n'étaient pas chrétiens : Salles, Buzot, Barbaroux, Mme Roland.

Pierre Leroux reprochait à Victor Hugo d'avoir « traité

(1) *La Crise de la croyance.*
(2) *Revue des Deux Mondes*, 1ᵉʳ avril 1867.

la religion comme il avait traité la poésie, par l'anti-
thèse (1) ». Mais je puis témoigner que j'ai plus d'une fois
entendu le grand poète professer dans l'intimité, non pour
une galerie d'auditeurs, sa foi en une vivante Providence
vers laquelle il faisait continuellement monter sa prière, et
je ne vois aucune raison pour mettre en doute la sincérité
de ses paroles (2).

De Béranger lui-même Sainte-Beuve affirme qu'il
croyait en Dieu « au degré où cette croyance influe sur
la pratique ».

Il ne faut donc pas dire que, hors du christianisme, il ne
puisse y avoir que l'irréligion insouciante ou désespérée
de l'athée ; mais ce qu'il convient de reconnaître, c'est que
les philosophes théistes, *négateurs déclarés de la religion
chrétienne et pourtant religieux*, ne furent jamais qu'un
très petit nombre et que, de nos jours, devenus partout
excessivement rares, ils sont introuvables en France.

Ce qui abonde en tous pays, — beaucoup plus et que les
hommes sans religion aucune et que les chrétiens de fait
aussi bien que de nom, — ce sont les héritiers indécis et
inconséquents de la tradition chrétienne et de l'éducation
rationaliste, qui, n'osant renoncer ni à l'une ni à l'autre,
les reçoivent à la fois, sans vouloir s'avouer leur profond
désaccord, et se contentent pour elles d'une gauche
alliance pareille au mariage du Grand Turc avec la république de Venise.

Car, s'il n'est pas impossible de concilier la raison, la
philosophie, les sciences physiques, l'histoire, avec le
dogme unique et simple d'un Dieu créateur et vivante providence du monde, concilier tout cela avec le système

---

(1) *La Grève de Samarez*, t. II, p. 155.
(2) Voir mes *Souvenirs personnels sur Victor Hugo à Guernesey*
(Société française d'imprimerie et de librairie), p. 76, 159, etc.

entier de la religion chrétienne est une entreprise autrement ardue.

Le philosophe Renouvier, — sympathique pourtant au christianisme (non point, il est vrai, sous sa forme catholique), — se demande, dans une page nette et hardie de son grand ouvrage du *Personnalisme :*

> Quelle ne serait pas la stupéfaction du public si, dans la supposition où l'œuvre des Pères de l'Eglise, des conciles œcuméniques et des docteurs scolastiques serait effacée de l'histoire, un penseur qu'on aurait cru jusque-là sérieux venait inviter ses contemporains à croire qu'un dieu a été crucifié sur la terre, dont le père, auquel il est *consubstantiel* est demeuré au ciel et n'a point souffert ; que ces deux dieux, avec un troisième, sont le créateur du ciel et de la terre ; que le dieu fils a été *fait homme,* et que son corps est contenu tout entier, vivant et immatériel, dans chaque fragment d'un pain multipliable à volonté, qui garde les apparences du pain, mais qui a été *transsubstantié* par des paroles sacramentelles ; que tous les hommes naissent coupables de la faute de leur premier père, et sont condamnés à des peines éternelles, à moins qu'ils ne reçoivent un baptême qui efface le péché dans l'âme de l'enfant ; et que le prêtre a le pouvoir d'opérer ces merveilles !

L'effort sans cesse recommençant pour concilier la raison et la foi, ajoute le grave penseur, ne démontre qu'une chose : l'insoluble difficulté de l'accord.

**
* **

Les croyances chrétiennes ont traversé plusieurs crises. Celle du vingtième siècle a ceci de nouveau et d'extrêmement grave, qu'elle présente bien moins l'aspect caractéristique d'une *crise,* — j'entends : d'un trouble violent et passager qu'un rétablissement de santé suivra, — que celui de la fin toute naturelle et paisible d'une chose, qui a l'air de mourir, simplement parce qu'elle a vécu assez longtemps.

Le philosophe auquel ma précédente étude est consacrée a reçu et rendu avec beaucoup de force cette impression, mélancolique en soi, d'une grande existence qui finit. Cependant Pierre Leroux n'est point triste ; il est animé, au contraire, d'une espérance joyeuse, parce que les funérailles de la foi *chrétienne* ne sont nullement, pour lui, celles de la *religion*. En enterrant sans aucun regret les dogmes, les légendes, la mythologie, la métaphysique compliquée et bizarre, qui ont constitué pendant plus de dix-huit siècles la substance de la religion chrétienne, mais qui n'en sont plus, à ses yeux, que la partie périssable et morte, notre philosophe sauve précieusement la chose essentielle : le *théisme* pur ; et ce théisme n'est pas une abstraction vide, il est si plein de foi et de vie qu'on sent bien que le christianisme y a laissé son âme.

Le centenaire Fontenelle ne se plaignait, en mourant, que « d'une certaine difficulté de vivre ». Le christianisme — en tant que système de faits et d'idées proposé à notre croyance intellectuelle — meurt, sans douleurs aiguës, de la pure et simple impossibilité où nous sommes d'y croire. Les « nuits de Jouffroy », l'agonie, l'héroïque défaite de la foi en lutte contre l'incrédulité, ne sont — si on les rencontre encore par exception — qu'une forme attardée de la maladie dont la masse des chrétiens souffre si peu. Pourquoi nos doutes sur la vérité littérale des doctrines et des récits évangéliques nous tourmenteraient-ils d'une grande inquiétude ? Nos pasteurs eux-mêmes nous donnent l'exemple d'y croire et de n'y pas croire à la fois, soit en les escamotant par des tours subtils d'exégèse, soit en accueillant dans leur esprit trop hospitalier, avec les merveilles de la légende sacrée, les certitudes historiques et scientifiques qui les ruinent.

Ainsi, ce qui nous éloigne de l'ancienne foi, ce n'est aucune déroute tragique du cœur et de l'intelligence ; c'est ce que Littré a très exactement nommé une « désuétude ». « Qu'on s'en persuade bien, disait aussi Félix Pécaut, ni les individus, ni les peuples ne reviendront à un système dont ils se sont détachés *sans effort, hors duquel ils se sont peu à peu trouvés*, sans préméditation, par le seul effet du mouvement général des idées, soit religieuses, soit scientifiques, soit historiques. »

Il n'est point nécessaire d'avoir fait de savantes études pour apercevoir, en gros, l'incompatibilité du vieil enseignement chrétien avec les lumières acquises et vulgarisées par la science ; l'exigence est excessive de prétendre, comme on l'a dit quelquefois, que ceux-là seuls qui ont fait de savantes études ont le droit d'être sensibles aux détails de cette contradiction. M. Alexandre Martin, dans ses *Crises d'une âme* (1), a parfaitement raison d'écrire :

Notre science actuelle est peu de chose ; mais ce peu suffit pour dissoudre lentement une religion qui n'a eu sa pleine force qu'au temps de la complète ignorance et du rêve.

Nous sommes, par exemple, nous autres profanes, fort ignorants de l'astronomie. Néanmoins, nous en savons plus qu'assez pour comprendre, avec un peu de réflexion, et l'orgueil et la vanité de la cosmogonie chrétienne. Il est trop évident qu'un système si puéril n'a pu naître qu'au sein des rêves les plus naïfs sur la situation centrale de la terre et de l'homme dans l'univers ; qu'il n'a pu se maintenir que grâce à la durée seize fois séculaire d'erreurs

---

(1) Chez Perrin.

astronomiques que Fénelon partageait encore, et que le
reste de vie que traîne dans nos imaginations cette idée
mal éteinte est un exemple incomparable du tout-puissant
empire des longues hérédités. Savoir pertinemment que
la croyance anthropocentrique est un enfantillage, et
trahir par toutes les habitudes de sa pensée et de sa vie
que l'on continue à s'en bercer : quel frappant témoignage
de l'état d'inconséquence où la double et contraire éducation de l'homme laisse flotter son esprit !

L'immensité du monde, l'insignifiance relative de notre
petite planète, l'effroyable distance de tant d'astres innombrables et des espaces infinis où ils se perdent, nous ont
fait apercevoir tout à coup, avec une aveuglante clarté,
l'inexistence d'un paradis comme d'un enfer, l'impertinence des fables qui font de l'homme le roi de la création
et le favori de l'Eternel ; — et cet élargissement du Cosmos,
découvert au seizième siècle, est, comme Renan l'a très
bien senti, « le moment capital de l'histoire de l'esprit
humain ».

Ce n'est pas qu'on ne puisse, par un prodigieux effort
de l'idéalisme, restituer à l'homme tout son orgueil. On
dira, par exemple, que l'espace, comme le temps, est
sans réalité objective, que ces choses sont des relations
et des apparences, les simples moules de notre pensée.
L'univers cessera d'être un objet d'épouvante, s'il peut n'être
point *tel en soi* que notre raison en forme l'idée et que
notre imagination le contemple, s'il est — aux yeux de la critique transcendantale — la *création de l'esprit*. Mais cette
doctrine, très difficile à soutenir constamment, ne saurait
prévaloir contre l'invincible témoignage du sens commun et
des sens ; elle est déconcertée par les calculs exacts qui
prédisent, à jour fixe, le retour d'une comète, et Kant, qui en
est l'inventeur, disait lui-même, si Nietzsche le cite bien :

« La science astronomique anéantit mon importance (1). »

La question des miracles et du surnaturel comporte des réflexions du même genre. Une culture philosophique ordinaire est suffisante pour en donner une solution raisonnable, qui me paraît être celle-ci : l'histoire, qu'elle soit profane ou sacrée, n'admet point les miracles, si ce mot, dont on use improprement, signifie une infraction *acceptée comme telle* à l'ordre de la nature. Renan, faisant œuvre d'historien, n'a pas eu tort d'éliminer les miracles de la vie de Jésus et des origines du christianisme ; l'auteur fut sage de déclarer que la méthode scientifique exclut toute croyance au surnaturel. Non pas que le théisme nie la possibilité des miracles *en doctrine*. Quand on professe de croire à la liberté de Dieu, peut-on lui refuser de rester le maître des lois qu'il a faites ? Aussi des philosophes, tels que Renouvier et que M. Boutroux, se montrent-ils très prudents et très réservés sur ce point (2). Mais il est présumable que cette infraction de l'Auteur des choses à l'ordre établi par lui-même n'est, dans leur idée, qu'une possibilité *logique*, et il est plus que douteux que ces théoriciens de la liberté divine reconnaissent un seul fait réellement miraculeux dans l'histoire.

L'homme moderne croit de moins en moins aux miracles. Pas une personne cultivée n'y croirait encore, si la

---

(1) *Nietzsche, Fragments choisis*, par H. Lichtenberger, p. 134 (Paris, F. Alcan).

(2) « La raison et ce que nous connaissons des lois *ne nous oblige pas à nier* la possibilité des miracles. » Renouvier, cité par Th. Ruyssen, *Essai sur l'évolution psychologique du jugement* (F. Alcan). — « Dieu n'est pas seulement le créateur du monde ; il en est aussi la providence et veille sur les détails aussi bien que sur l'ensemble... *Il n'y a aucune raison* pour considérer une providence spéciale comme plus indigne de lui que la création d'un univers multiple et changeant. » Boutroux, *De la contingence des lois de la nature* (Paris, F. Alcan).

franchise et la netteté étaient le besoin des esprits. Mais aucune matière n'est plus confuse, parce qu'une mauvaise métaphysique, à l'usage des prédicateurs, a volontairement embrouillé la discussion. On affecte de donner le nom de *miracles* à des phénomènes merveilleux, — entendez par là *inexpliqués, inexplicables* même pour notre ignorance, — mais qui, étant *naturels*, n'ont rien de contraire à l'ordre des choses. Et, partant de cette confusion complaisante, on se livre aux transports du phébus le plus déclamatoire. « Le miracle, s'écriait hier encore un orateur sacré, perce le niveau des faits arrivés et bourgeois, comme la flèche de la cathédrale perce le niveau des demeures journalières. Il affirme l'impossible, il escalade le ciel... »

Modérons ce lyrisme un peu trop fumeux, et distinguons. Les prodiges du magnétisme et de l'électricité dès leurs premières conquêtes, puis le téléphone, la télégraphie sans fil, les surprises du *radium*, et toutes les admirables inventions et toutes les incroyables découvertes que la science nous réserve dans l'avenir, ne sont des *miracles* qu'au sens littéraire ou poétique du mot.

Mais prenons un miracle proprement dit et typique : la résurrection d'un mort. « Si nous voyions de nos yeux ou si l'on nous attestait un fait de ce genre, écrit John Addington (1), notre premier soin serait de le vérifier ; notre second soin, de chercher la loi du phénomène et de *le faire rentrer dans l'ordre de la nature.* » Autrement dit, la résurrection d'un mort, — nous fût-elle certifiée par des témoins dignes de foi et par nos sens eux-mêmes, — ne pourrait jamais être *miraculeuse* dans la force du terme et au pied de la lettre.

La chose s'expliquerait, en premier lieu, fort naturellement,

(1) *Essays speculative and suggestive,* p. 6.

s'il ne s'agissait que d'une mort apparente, léthargie ou asphyxie. — Une hallucination individuelle ou collective pourrait, ensuite, en rendre raison (1). — La psychologie admet enfin, sinon l'apparition des morts, au moins celle des mourants, — fantômes subitement aperçus par des personnes auxquelles ils sont chers. Ce mystère étrange cache encore — mais ne cachera pas toujours — son explication *naturelle* dans les secrets obscurs de la *télépathie* (2).

Quand la résurrection prétendue est une histoire ancienne et sacrée, on peut donner de la légende une interprétation *spirituelle*, dans le double sens de cet adjectif. C'est l'ingénieux travail auquel s'est livré Matthew Arnold, à propos des résurrections de Lazare et même de Jésus.

— « Ton frère n'est pas mort, dit Jésus à Marthe ; non, il n'est pas mort, puisqu'il a cru en moi et que, par conséquent, il possède la vie éternelle. Bientôt le monde ne me verra plus ; mais vous, qui êtes mes disciples, vous me voyez et vous vivrez. » Un matérialisme — charmant d'ailleurs — a transformé en résurrections de la chair, en ascensions corporelles et en scènes de thaumaturgie l'immortalité dont le Fils de Dieu avait pour lui-même la certitude et qu'il promettait à ses disciples. — Tel est le commentaire très élégant de Matthew Arnold (3).

---

(1) « Un groupe d'individus vivant dans le même courant d'émotions peuvent être frappés en même temps des mêmes visions sans qu'il y ait de leur part aucune fraude consciente ou inconsciente... Aux Etats-Unis, un condamné à mort, à l'exécution duquel avaient assisté tous les détenus de la même prison, leur apparut successivement à tous le lendemain ou le surlendemain. » GUYAU, *L'irréligion de l'avenir*, p. 64.

(2) Voy. Maxwell, *les Phénomènes psychiques*, chap. V. (Paris, F. Alcan).

(3) *Literature and Dogma*, pages 232 à 237 de la traduction française inexactement intitulée *la Crise religieuse*. (Paris, F. Alcan.)

L'explication est si pleine d'*esprit*, de pur esprit, qu'on la trouvera vide de corps et trop éthérée. D'un vol léger, elle s'élève et s'enfuit dans l'azur à la plus extrême distance d'une grossière et lourde croyance au miracle.

Croire qu'un mort *réellement mort*, un *cadavre*, enterré depuis plusieurs jours, « sentant déjà mauvais », a été rendu à la vie physique, qu'il a rompu les liens de son linceul, qu'il a soulevé la pierre de son tombeau, et qu'il est *ressuscité*, cela nous est devenu impossible *en ces termes et sous cette forme*. J'ai de la peine à croire que des instructeurs sérieux osent *formellement* demander, de nos jours, à leurs catéchumènes un tel effort de crédulité ; si les plus hardis — ou les plus timides — ont l'air de le demander encore, ne serait-ce pas par quelque obscur besoin de rester dans le vague, par un goût de l'humaine faiblesse pour ce compromis sans courage entre la culture moderne et l'ancienne foi, qu'il faut, le flambeau de la critique à la main, dénoncer et poursuivre dans l'ombre où il se dissimule ?

Cette peur des idées nettes, qui nous empêche de tirer au clair l'état de notre conscience et d'avouer franchement au monde et à hous-mêmes que nous avons cessé de croire, fait que toutes les statistiques de la foi chrétienne sont fausses.

Qu'importe que l'on compte 230 millions de catholiques, 145 millions de protestants (1), et qu'est-ce que ces chiffres signifient ? Le père Gratry n'en était pas dupe. « Sur 300 millions d'hommes qui portent le nom de chrétiens, demande-t-il avec tristesse, en est-il 7 millions qui pratiquent ?... A Paris, il n'y a pas aujourd'hui un vingtième de la population qui suive Dieu et sa loi. Si donc, dans

---

(1) Statistique du christianisme en 1867, d'après M. Lucien Arréat, *le Sentiment religieux en France* (Paris, F. Alcan).

l'ensemble du monde chrétien, l'on compte un homme sur cent qui n'ait pas fléchi le genou devant l'ennemi, qui adore Dieu et suive sa loi, c'est beaucoup (1).

J'avais cru — et je crois encore — que les conversions religieuses, dans le sein du christianisme, se font, en règle générale, du catholicisme au protestantisme, par cette simple raison que le protestantisme est une religion plus éclairée et qu'on ne conçoit guère que la pensée retourne, d'une lumière relative, aux ténèbres dont elle est sortie (2). L'auteur d'un pénétrant petit volume sur la *Psychologie de la croyance*, Mlle Camille Bos, docteur en philosophie, estime, au contraire, non seulement que la religion catholique fait beaucoup plus de néophytes que la religion protestante (chose très vraisemblable en pays païens), mais que les conversions du protestantisme au catholicisme sont plus fréquentes que le changement inverse, parce que le catholicisme parle davantage aux sens, qu'il a un appareil religieux bien plus riche et bien plus puissant, et que les conversions se font beaucoup moins par la raison que par l'émotion. Les deux thèses sont assez probables l'une et l'autre pour que, — à défaut de chiffres précis que j'ignore et qui seuls trancheraient la question, — on puisse les soutenir toutes les deux, et je maintiens la mienne. Mais, hélas ! qu'importent aujourd'hui, que comptent et que pèsent dans la balance les victoires partielles et la force relative du protestantisme, du catholicisme ?

Le soir, à l'heure du reflux, lorsqu'on est assis au bord de la mer et qu'on avance sa chaise peu à peu sur le sable humide abandonné par l'eau, il arrive parfois

(1) Cité par Jules Payot, *la Croyance* (Paris, F. Alcan), p. 238.
(2) Voyez mes « *Sermons laïques* ou *Propos de morale et de philosophie* » (Fischbacher, 1906), p. 156.

qu'un petit pli de l'onde, dont la grande masse se retire, déborde la ligne, mouille nos pieds et nous donne — un instant — l'illusion de la marée montante : voilà l'image des regains accidentels du protestantisme et du catholicisme dans la baisse régulière et générale de la religion chrétienne chez les peuples civilisés.

*
* *

Mais faut-il dire : « la religion chrétienne » ? Faut-il dire : « la foi religieuse » ? Ce que j'ai appelé de ces noms par un grave abus de langage, qu'est-ce d'autre qu' « une mythologie décrépite et une dogmatique surannée », qui, bien loin d'être le véritable objet de la foi et l'essence de la religion, n'en sont que la défroque et une contre-façon pitoyable ?

— « Oui, assurément, nous rejetons et la cosmogonie biblique et les légendes miraculeuses ; oui, nous avons appris par l'histoire la loi d'évolution qui fait graduellement passer les dogmes, de leur primitive et barbare crudité, au spiritualisme le plus pur ; et sachant comment sont nés les mystères de la Divinité métaphysique de Jésus et de la Trinité, nous ne pouvons plus révérer comme sacrées des croyances dont nous voyons clairement l'origine humaine. Mais depuis quand est-ce mourir à la foi religieuse que de se guérir des superstitions ? Notre christianisme n'est point mort ; au contraire, il commence seulement à vivre de la vraie vie. »

Ainsi parle le chrétien « moderne » ou « libéral ». L'ambition de ce généreux esprit est de faire de la religion une chose rationnelle, une chose raisonnable. Cependant on lui ferait injure en le traitant de *rationaliste* ; car ce nom ne convient qu'à un intellectualisme fort sec, et le senti-

ment, la foi proprement dite, la croyance et la confiance du cœur tiennent, dans la méthode religieuse du chrétien libéral, une place dont l'importance grandit. Le fait est
que ces deux désirs si nobles et si justes — satisfaire la
raison et satisfaire l'âme — l'inquiètent à la fois, et que,
suivant les temps, il se montre plus rempli de l'un ou de
l'autre. Vers 1860, les pretestants libéraux adressaient à
l'orthodoxie des critiques terribles et versaient dans
un rationalisme agressif trop exclusivement négateur et
dépourvu d'onction. Aujourd'hui, sans rien sacrifier de
leur raison raisonnante, ils sentent fort bien qu'elle n'est
pas tout ; devenus pacifiques et sages, ils font une part de
plus en plus considérable à un certain mysticisme sans
lequel on ne conçoit point de vraie religion.

Le pasteur américain Channing est un des anciens et
grands prédicateurs du christianisme rationnel. La droiture de son bon sens, la franchise de sa parole, la netteté
de ses idées ont ravi, au siècle dernier, les meilleurs de
nos esprits libres en France ; Edouard Laboulaye ne se
lassait pas de le citer.

Je me glorifie d'être chrétien, disait Channing, parce
que le christianisme agrandit, fortifie, exalte ma raison. Si je
ne pouvais être chrétien qu'en renonçant à mon jugement,
je n'hésiterais pas dans mon choix. Je suis prêt à sacrifier
pour la religion mes biens, mon honneur et ma vie; mais je
ne dois pas immoler à une croyance, quelle qu'elle soit, ce
qui m'élève au-dessus de la brute et me fait homme. Renoncer
à la plus haute faculté que Dieu nous ait accordée, c'est
commettre un sacrilège, c'est faire violence à ce qu'il y a en
nous de divin.

Channing pose quelque part cette question embar-
rassante, qu'il faut bien se garder d'écarter avec un
sourire comme une fantaisie paradoxale, peu digne d'une
réponse sérieuse :

Comment les protestants échapperont-ils à la transsubs-
tantiation, doctrine qui nous est enseignée de la manière la
plus claire, si cette soumission de la raison, que nous contes-
tons, est un devoir (1) ?

La logique, en effet, ne nous permet point d'assigner
des limites certaines à la religion qui exige le sacrifice
de la raison. On doit même, au contraire, dès qu'on est
bien entré dans cette voie du renoncement intellectuel,
trouver qu' « il n'y en a jamais trop »; et c'est pourquoi la foi
de Veuillot s'abreuvait, s'enivrait d'absurdités entassées
les unes sur les autres : l'immaculée conception, l'infailli-
bilité papale, Lourdes, la Salette, etc. Il en voulait encore,
encore... Il « renchérissait », comme on l'a dit, sur le
« charbonnier ».

Le grand ouvrage de Matthew Arnold, *Literature and
Dogma*, traduit dans notre langue en 1876, développe cette
idée générale, que ce qu'on appelle vérité en orthodoxie
n'est qu'un gros contre-sens littéraire. Des images, des
figures, des symboles ont été naïvement pris à la lettre par
des esprits peu cultivés. Nous venons de voir, à propos
des résurrections contées par l'Evangile, un très curieux
exemple de l'idéale pureté avec laquelle le délicat
critique spiritualise les légendes et les dogmes dépouillés de
leur matérialité grossière. Matthew Arnold nie « respectueusement, mais formellement, » la thèse orthodoxe, que
la foi consiste dans la docilité de la raison à croire, en
toute humilité, ce qu'elle ne comprend pas.

La doctrine de Jésus, dit-il, était la simplicité même. Sans
quoi, il n'aurait pas dit aux Juifs, si bonnement : « Puisque
« je vous dis la vérité, pourquoi ne me croyez-vous pas ? »

---

(1) « Que je hais ces sottises de ne pas croire l'Eucharistie ! »
s'écrie Pascal, et l'on sait que Luther y croyait comme un catholique.

La foi n'était pas, pour Jésus, la soumission de la raison aux vérités qu'elle ne peut atteindre ; elle consistait, au contraire, à reconnaître ce qui est de toute évidence quand la raison s'y applique.

L'extrémité logique de la doctrine de Matthew Arnold, c'est que la religion, débarrassée de la théologie qui la surcharge et qui la fausse, n'est pas essentiellement différente de la morale. « C'est la morale élevée, embrasée, illuminée par le sentiment. » Et cela suffit. Pourquoi la religion est-elle mise en question ? Parce que « des extravagances théologiques nous sont proposées comme religion ».

Channing était pasteur ; Matthew Arnold, poète et critique ; donnons la parole à un juge. On sait que, dans le protestantisme, les études religieuses ne sont pas réservées au clergé. S'il en était ainsi, je n'aurais qu'à me taire.

M. Emilien Paris, conseiller à la cour d'appel de Bordeaux, vient de consacrer un opuscule aux « Libres-penseurs religieux (1) », c'est-à-dire à Pécaut, Clamageran, Edgar Quinet, Trarieux, etc. Ce magistrat déplore qu'une majorité orthodoxe se soit trouvée « pour essayer de jeter hors de l'Eglise tous ceux qui considéraient que le christianisme moderne n'a pas à s'appuyer sur des légendes et sur un merveilleux antiscientifique. » Le plus fâcheux effet de cette excommunication des protestants libéraux fut d'éloigner de la religion protestante les libres-penseurs religieux. « Les religions irrationnelles, dépassées par le progrès humain », sont devenues insuffisantes... La religion que Jésus a prêchée et « que tant d'orthodoxies pédantesques ont obscurcie » était « pure, simple et profonde ».

Notre théologien laïque ne rompt pas seulement avec la

(1) Fischbacher.

vieille orthodoxie chrétienne ; son théisme religieux lui-même frise un peu l'hérésie et paraît moins correct que celui des philosophes attachés à l'idée de la liberté divine : « La personnalité n'est pas la seule attribution de Dieu ; elle n'en est pas la plus élevée, d'après nous... L'idée a passé par une nécessaire évolution. Ce n'est plus à un Dieu capricieux, agissant par des coups d'Etat accomplis dans la nature et l'humanité sous forme de miracles, que s'adresse l'homme religieux moderne... » — « *L'imma-nence* de Dieu dans l'univers... » écrit-il encore. Ce terme inquiétant ne s'oppose-t-il pas à celui de la *transcendance* de Dieu — créateur, père et providence du monde — à peu près comme la logique de Spinoza fait contraste avec la prédication de Bossuet ou de Saurin ? Cependant, M. Paris a soin de terminer son livre par une belle profession de piété et de foi en l'efficacité de la prière, afin que le lecteur de sa philosophie reste sous une impression religieuse.

Rendre la religion rationnelle n'est que la moitié de la tâche du « chrétien moderne ». Il faut aussi rendre reli-gieuse la raison scientifique et philosophique. L'auteur — plein d'une brave assurance — de *Libres-penseurs reli-gieux* ne doute point que la chose n'aille comme de soi, puisqu'il écrit dans sa conclusion :

La science, à force d'être scientifique, est devenue reli-gieuse. La religion, à force d'être devenue religieuse, est scientifique.

Mais cet aphorisme manque d'évidence et n'est pas assez clair pour se passer d'explication. Comment la science prend-elle un caractère religieux ? Auguste Sabatier s'éver-tue à nous le faire entendre :

La régularité grandiose et souveraine des lois de la na-ture et de l'harmonie de l'univers a pénétré tous les esprits.

Notre piété, dans ses heures de lumière, ne se révolte pas contre ces lois, mais nous fait considérer comme essentiellement religieux l'acte de les contempler, de les célébrer et de nous y soumettre (1).

Que l'aspect immuable des astres excite en nous le sentiment religieux, ce n'est point l'impression et ce n'est pas l'avis d'un grand poète de notre temps. Dans son magnifique sonnet de *la Grande Ourse*, Sully Prudhomme exprime, avec une poignante éloquence, la stupeur dont l'homme se sent accablé par l'implacable fixité du spectacle de ces sept étoiles éternelles :

> ... Tu n'as pas l'air chrétien...
> O figure fatale, exacte et monotone !...
> Ta précise lenteur et ta froide lumière
> Déconcertent la foi. C'est toi qui, la première,
> M'as fait examiner mes prières du soir.

En prose et dans un autre style, M. Brunetière s'écrie ; et franchement il n'a point tort :

> On ne peut se faire à cette manière de jouer sur les mots de *science* et de *religion* ! Si la science — et je crois que c'en est la définition même — a pour objet, non pas précisément d'enchaîner la nature sous des lois immuables et véritablement d'airain, mais d'éliminer de la série des effets et des causes la possibilité du surnaturel, et si toute religion est l'affirmation de ce surnaturel, il n'en faut certes pas conclure que la science et la religion soient contradictoires ou adverses ! Mais on ne peut concevoir ce que c'est qu'une « interprétation religieuse de la science », et bien moins encore une « théologie scientifique » (2).

Quant aux efforts si ardemment poursuivis, — depuis Channing et tous ses précurseurs jusqu'aux protestants

(1) *Esquisse d'une philosophie de la religion*, p. 83.
(2) *La fâcheuse équivoque*, article du 15 novembre 1903 dans la *Revue des Deux Mondes*.

libéraux de la présente année, — pour réduire à la raison les actes et les paroles de Dieu, les personnes qui tiennent tant à ce que le christianisme devienne raisonnable ont-elles bien réfléchi à la différence qui semble devoir, en bonnes définitions, distinguer et séparer la religion de la philosophie ?

Il est permis de se demander si une *religion rationnelle* n'est pas une contradiction dans les termes. M. Balfour nous fait voir, dans ses *Bases de la croyance*, que la raison critique, habile à ruiner tout ce qu'elle touche, est incapable de rien fonder. Avoir pour soi la raison, et réunir les conditions de la vie, ce n'est pas du tout la même chose : car la vie n'est point une construction logique de pièces et de morceaux qui se tiennent comme les parties d'un discours bien lié, mais une harmonieuse combinaison d'éléments contraires et hostiles. Bien souvent la vitalité, la fécondité, la richesse, la vertu d'expansion, de développement et de durée sont d'autant plus grandes que les racines de l'arbre s'enfoncent plus obscurément dans le chaos du contradictoire et dans la nuit de l'irrationnel. Cela se voit partout dans les affaires humaines. Parce qu'une chose n'a pas le sens commun, ce n'est jamais une raison pour qu'elle ne s'installe pas et ne réussisse pas : au contraire, si elle est trop claire et trop sensée, attendez-vous à son échec.

Dans l'ordre religieux, l'irrationnel s'appelle le mystère. De bonne foi, peut-on trouver étrange qu'une religion ait au moins des parties mystérieuses ? Une religion où tout serait clair, logique et raisonnable comme le *Discours de la méthode*, ne serait-elle pas suspecte à bon droit ? Comprendre, c'est dominer ou, au moins, égaler ; voilà pourquoi on ne saurait adorer ce que l'on comprendrait trop bien.

Dans son livre sur *la Civilisation et la Croyance*, le philosophe Secrétan écrit ces lignes, qui sont non seulement la modestie même, mais la sagesse même :

L'auteur de cet essai s'avoue qu'il reste attaché par le cœur au mystère de la Passion sans que sa pensée en ait déchiffré la lettre. La commune prétention des théologiens, de préciser le surnaturel et d'asseoir des constructions sur l'abîme, est une prétention contradictoire : le surnaturel cesserait de l'être du moment qu'il serait compris. Le chrétien se gardera donc de vouloir dire comment nous trouvons le salut dans la croix de Jésus-Christ; mais il ne désertera pas cette croix...

L'homme qui a le plus profondément senti et le plus vivement exprimé la *folie* nécessaire du christianisme, — ce qu'on pourrait appeler *la raison de sa déraison*, — c'est le grand Alexandre Vinet. Il faut lire et relire, dans ses *Nouveaux discours sur quelques sujets religieux*, le beau sermon sur *la Folie de la vérité*, et tant d'autres pages admirables de sa prédication ou de ses *Études sur Pascal*. Citons un paragraphe au moins :

Ceux qui n'osent rejeter le christianisme s'efforcent de l'adoucir. On le dépouille de ses rudesses, de ses *mythes*, comme on se plaît à les nommer; on le rend presque raisonnable. Mais, chose singulière ! quand il est raisonnable, il n'a plus de force; et semblable en ceci à l'une des plus merveilleuses créatures du monde animé, s'il perd son aiguillon, il est mort. Le zèle, la ferveur, la sainteté, l'amour, disparaissent avec ces dogmes étranges; le sel de la terre a perdu sa saveur, et l'on ne sait avec quoi la lui rendre.

L'entreprise à la fois ambitieuse et timide de ceux qui, suivant la jolie expression de Calvin, « convertissent à demy la chrestienté en philosophie (1) » est donc fondée,

_____

(1) *Calvini opera omnia*, t. VI, p. 600. « *Convertissent la chrestienté* » signifie : changent le christianisme.

en somme, sur une idée superficielle et trop simple de la vérité religieuse. La médiocrité d'un christianisme si mesquinement soucieux de ne pas choquer la raison a fait, du protestantisme libéral, un objet de sarcasmes amers et de souverain mépris pour des philosophes avides d'originalité et de hardiesse, tels que Hartmann et que Nietzsche.

Hartmann ne peut assez railler la faiblesse d'une secte à moitié religieuse, à moitié philosophique, qui, d'une main retient l'Eglise qui s'écroule, de l'autre s'appuie au temple solide de la Science ; croyant à la liberté morale, à la providence paternelle de Dieu, à l'utilité de la prière, mais admettant aussi, comme chose qui va de soi, que le monde est régi par des lois nécessaires et immuables (1).

Nietzsche réclame avec emportement la sincérité, « la *propreté* intellectuelle ». Il est furieusement persuadé de la honteuse hypocrisie de tous les croyants. Il hait, démasque et traîne hors de leur crépuscule ces lâches néochrétiens qui fuient la lumière et la grande route pour se sauver « par un petit sentier détourné », où ils puissent, « avec la tenue scientifique la plus décente », satisfaire « les besoins de leur cœur (2) ».

C'est, en revanche, avec un véritable émerveillement que le même Nietzsche, si violemment ennemi du christianisme raisonnable, rappelle et admire les paradoxes prodigieux de la pure et antique orthodoxie. Son goût passionné pour l'outrance et pour tout ce qui révolte le sens commun est séduit par l'*absurdissimum* du mystère des mystères, par l'invention surhumaine et monstrueuse d'un Dieu crucifié :

La foi chrétienne est dès l'origine un sacrifice... Les hommes modernes ne ressentent plus ce qu'il y avait de ter-

(1) *La Religion de l'avenir*, p. 114 (Paris, F. Alcan).
(2) *Aphorismes et fragments*, p. 135 (Paris, F. Alcan).

rible et de superlatif dans le paradoxe de la formule : *Dieu en croix*. Jamais et nulle part il n'y eut une telle audace dans le renversement des idées (1).

On conçoit très bien qu'à défaut d'une adhésion de l'intelligence, les dogmes et les légendes de l'orthodoxie puissent inspirer à quelques-uns de ceux qui n'y croient plus une sympathie d'ordre *esthétique*, — d'ordre *moral* aussi, avouons-le, — et je comprends d'autant mieux ce double sentiment qu'il est l'âme du livre que j'écrivis naguère sur les deux plus grands prédicateurs orthodoxes du catholicisme et du protestantisme en France, Bossuet et Adolphe Monod (2). On me ferait, hélas ! trop d'honneur si l'on prenait pour la foi d'un disciple l'enthousiasme et la vénération que j'ai pour de tels hommes ; mais j'affirme toujours que les sévères doctrines auxquelles ils croyaient, qui possédaient leurs cœurs et commandaient leurs vies, furent une des grandes sources de leur incomparable éloquence. Sans doute, l'Esprit souffle où il veut ; le talent appartient aux individus, non aux idées, et je connais des hommes qui, en prêchant fidèlement la Bible, n'ont pas d'éloquence pour un sou. Ce que je soutiens, c'est qu'à talent égal le caractère et la foi de l'orthodoxe lui donnent une gravité, une autorité où le libéral ne peut atteindre : comment l'orateur du monde, en coquetterie avec la libre pensée et faisant sa cour à la raison humaine, aurait-il la majesté de l'ambassadeur de Dieu, qui apporte aux hommes le message de son Maître et qui soumet lui-même à la parole divine ses discours, ses pensées, son esprit, sa conduite et toute sa vie ? Et de même que certains genres littéraires, — la fable, la tragédie classique, l'épopée, — ont disparu

(1) *Par delà le bien et le mal.*
(2) *La grande Prédication chrétienne en France ; Bossuet, Adolphe Monod* (Fischbacher, 1898).

sans retour, ensevelis dans leur triomphe, ce que j'ose dire encore, c'est que la grande éloquence religieuse s'éteint, —tous les prodiges restant d'ailleurs possibles à l'éloquence profane, — si la foi d'autorité expire ; si la foi d'autorité a vécu, la grande éloquence religieuse est morte.

Et pourtant je ne saurais applaudir au rejet du protestantisme libéral. Quand nous l'aurons mis au rebut, que nous restera-t-il ? Ce pauvre christianisme filtré et clarifié est notre dernière espérance. Gardons-le. Rendons-lui justice, au lieu de l'avilir imprudemment. L'estime médiocre qu'ont témoignée pour lui certains esprits trop dédaigneux n'est peut-être qu'un malentendu.

Combien le protestantisme libéral ne serait-il pas relevé dans l'opinion des penseurs originaux, s'il avait tout le courage de sa croyance, — ou de son incroyance, — s'il renonçait loyalement à se dire *chrétien* et s'il acceptait, avec franchise, d'être ce qu'il est : *la simple philosophie du théisme sous sa forme la plus religieuse ?*

*
**

La critique religieuse n'a pas relevé le défi que je lui ai fait (1), de signaler quelque différence essentielle entre la théologie du protestantisme libéral et celle de Pierre Leroux, si pleine de foi en Dieu et de piété vivante. Je regrette ce mutisme ; mais je n'ai pas l'impertinence de le prendre pour une défaite acceptée, et, puisqu'on ne m'a rien répondu, je vais essayer de chercher moi-même, avec toute la conscience dont je suis capable, ce qui peut constituer au fond la distinction spécifique des deux doctrines.

(1) Dans mon second article sur Pierre Leroux ; voy. p. 127. Cet article avait paru dans la *Bibliothèque Universelle et Revue Suisse* de novembre 1904.

Si le conseiller Paris a raison d'appeler de ses vœux la conversion « chrétienne » des libres-penseurs « religieux » et de déplorer que la prédication orthodoxe les éloigne de la foi, il faut bien que cette foi soit autre et soit meilleure que leurs croyances. En quoi consiste donc cette qualité différente et supérieure ?

Est-ce dans la réunion en église des chrétiens libéraux ? Ce besoin d'une société des âmes n'est pas spécial à la religion. La philosophie le connaît. Rien n'est plus notoire que l'église positiviste. Le saint-simonisme, la franc-maçonnerie sont ou furent des églises dans toute la force du terme, ayant leur culte, leurs rites, leurs pontifes. Pierre Leroux n'entendait pas garder sa prédication pour lui seul, puisqu'il rêvait de fonder une « religion nationale ». A Manchester, un membre du parlement, M. Bright, avait ouvert un temple pour y prêcher la *doctrine de l'Humanité*, et l'inventeur lui-même de cette philosophie religieuse disait avec une foi ardente et communicative : « Ma pensée n'est pas mienne ; elle se retrouve au fond de toutes les grandes religions ; c'est pourquoi elle sera un jour annoncée non pas à Manchester seulement, mais sur toute la terre (1). »

Nulle croyance n'est individualiste au point de vouloir rester seule ; toutes sont désireuses de devenir collectives, et les protestants libéraux ne se distinguent pas des autres sectes par le besoin de mettre leurs doctrines en commun : au contraire, ce qui les caractérise plutôt, c'est un tel souci de la liberté individuelle des pensées et des consciences qu'à la différence non seulement des autres églises chrétiennes, mais aussi des écoles philosophiques, ils évitent par-dessus tout de formuler

(1) *La Grève de Samarez*, t. I, p. 408.

leurs idées avec quelque précision et ne redoutent rien
tant que la plus lointaine apparence d'une confession de
foi.

Si les libres-penseurs religieux doivent gagner quelque
chose à devenir chrétiens libéraux, est-ce à cause de deux
pratiques pieuses en usage dans le protestantisme : la lecture de la Bible et la prière ?

Non ; car la prière est, en doctrine et quelquefois en
fait, sur les lèvres et dans le cœur du théiste aussi bien
que du chrétien. Par le dogme de la Trinité, la religion
traditionnelle introduisait quelque différence entre la prière
chrétienne et la prière théiste : peut-il être question, dans
l'église des protestants libéraux, d'adresser leurs prières à
une autre personne qu'à Dieu ? L'unité de Dieu est leur
seul dogme un peu catégorique ; adorer et prier Jésus,
— qui n'est point pour eux une personne divine, — serait
une idolâtrie semblable à l'invocation de la Vierge et des
saints dans le catholicisme.

La Bible a subi la même diminution que la seconde
hypostase de la Trinité. Jésus peut être aimé, écouté,
admiré, imité et suivi : il n'est plus adorable. Pareillement la Bible est un livre tout rempli de bonnes vérités,
un livre excellent, le meilleur et le plus beau des livres
humains : il n'est plus le livre de *La vérité*, il n'est plus *la
Parole de Dieu*.

L'autorité, qui pour les catholiques résida toujours
dans l'Eglise, résidait pour les protestants d'autrefois
dans l'Ecriture. Ils la lisaient avec l'assistance du Saint-
Esprit, et ils pouvaient la comprendre et l'interpréter
plus ou moins bien; mais l'erreur — si quelque erreur était
commise — ne venait que d'eux seuls; la pensée qu'elle
pût être dans le livre sacré lui-même leur eût paru un
blasphème horrible. Auguste Sabatier, à la page 252 de

son *Esquisse d'une philosophie de la religion*, cite l'apôtre saint Paul, et je reconnais que c'est en l'approuvant : « Paul, écrit-il, avec lequel on est toujours heureux de rester en communion et en accord... » Holà ! prenez garde !... Si l'on est heureux d'être d'accord avec saint Paul, c'est donc qu'on peut avoir le regret de le contredire ! Et, en effet, nous avons appris récemment que la théologie de saint Paul est fort différente de l'enseignement de Jésus, et que c'est à cet enseignement qu'il faudrait remonter. Malheureusement, « il est impossible de reconstruire avec certitude les *logia* du Seigneur (1) ».

Adolphe Monod avouait sans peine que le mot *Trinité* date du quatrième siècle et du concile de Nicée ; mais cela ne le troublait point. Car ce mot n'est « qu'un terme heureusement choisi pour donner une expression à la fois exacte et concise à une vérité enseignée par l'Ecriture ».

Trinité sainte ! je ne t'explique point, mais je t'adore ; et, en t'adorant, je te bénis ! Je t'adore, comme « le mystère des « mystères » ; je te bénis, comme « le mystère de la piété » en même temps que de la charité !... Quand saint Jean écrivait : « En ceci est manifesté l'amour de Dieu envers nous, que « Dieu a envoyé son Fils unique au monde, afin que nous « vivions par lui » ; quand Jésus-Christ disait : « Dieu a tant « aimé le monde, qu'il a donné son Fils unique, afin que qui- « conque croit en lui ne périsse point, mais qu'il ait la vie éter- « nelle », ils confessaient la substance même de la Trinité... Père, qui m'as sauvé gratuitement, gloire à toi ! Fils, qui m'as racheté par ton sang, gloire à toi ! Esprit, qui m'as ouvert les yeux et le cœur, gloire à toi ! Père, Fils et Saint-Esprit, gloire à vous, à toi (2) ! »

Pauvre grand orateur, tremblant d'une émotion sacrée

(1) AUGUSTE SABATIER, *les Religions d'autorité et la religion de l'esprit*, p. 373.

(2) *Jésus-Christ baptisé ou la Trinité.* (Sermon de 1853.)

sur le bord des abîmes où la raison se perd, rassure-toi, reprends tes esprits... Ne sais-tu donc pas, ô professeur d'exégèse ! que saint Jean, témoin et disciple de Jésus, quatrième et principal narrateur de sa vie et de ses discours, était un homme assurément fort intelligent, mais que son intelligence même fait planer sur ses écrits un soupçon légitime d'inexactitude, de même que la haute pensée de Platon altère nécessairement la vérité des rapports où il expose et où il commente les actes et les paroles de son maître Socrate ? Et de même aussi que le sublime Platon rêve quelquefois et que nous nous permettons respectueusement de le dire, nous osons traiter d' « extravagant » et de « faux » le fameux verset de saint Jean sur les *trois témoins célestes* (Ire épître, v, 7). Ce texte malencontreux « nous fait déjà voir à l'œuvre des théologiens semblables aux nôtres, fondant le dogme de la divinité du Fils éternel (1) ». La religion naïve de Jésus ne connaissait pas cette métaphysique ; mais par malheur — redisons-le — il nous est impossible de la reconstituer avec certitude. « Jésus dominait d'une telle hauteur ses premiers historiens, qu'ils étaient incapables de rendre compte de lui. » Saint Jean, plus lettré et plus philosophe que les trois autres évangélistes, vient enfin ; et, le premier, il donne l'essor à une théologie vraiment fantastique, qui garde encore un peu de discrétion sous sa plume, mais qui deviendra bientôt si inventive « qu'elle se figurera savoir ce qui s'est passé dans le Conseil de la Trinité et qu'elle entreprendrait presque de décrire la décoration de la salle du Conseil (2) » !

(1) Il est généralement reconnu aujourd'hui que ce verset a été interpolé et ne figurait pas dans le texte primitif.

(2) MATTHEW ARNOLD, *Literature and Dogma*, p. 151, 154, 296 de la traduction française: *La crise religieuse.*

Il est fort possible que le dogme de la divinité du Christ soit tout entier le résultat d'une élaboration théologique postérieure à l'enseignement de Jésus ; mais, — primitif ou subséquent, — il ne semble pas que le christianisme puisse s'en passer. *Christianisme* signifie *religion du Christ* ; toute religion suppose une société de fidèles unis dans le culte d'un être adorable et divin. « La raison, observe judicieusement l'auteur des *Crises d'une âme*, ne peut maintenir une religion de Jésus après avoir détruit la divinité de Jésus. »

L'heureuse institution de l'Eglise permet au catholicisme seulement de n'être pas trop ébranlé par la découverte fâcheuse que la divinité métaphysique du Fils de Dieu est un dogme étranger à l'histoire de Jésus étudiée dans ses sources les plus authentiques ; car, l'Eglise étant la régulatrice souveraine d'une vérité qu'elle conserve, fait vivre et transforme au besoin, nous concevons sans difficulté que Dieu ait déposé entre ses mains l'embryon d'une théologie que les apôtres, les pères et tous les saints docteurs ont normalement développée.

Mais le protestantisme, se formant de l'autorité religieuse une tout autre notion, qu'il n'a pu longtemps garder intacte, qu'il a dû abandonner totalement au bout de trois siècles, et dont la simplicité nous étonne aujourd'hui, la faisait résider dans une écriture sainte, immobile, immuable, dont le sens avait été fixé, avec le texte, — il y a dix-neuf cents ans, — pour l'éternité. Idée évidemment fausse, parce qu'elle est contraire au cours des choses, au mouvement de la vie, à l'évolution, à l'histoire. On ne remonte pas au christianisme primitif et surtout on ne s'y arrête point. Comment des croyances dépassées depuis cinquante générations pourraient-elles redevenir les nôtres ?

Rejetant, avec la théologie des conciles et des pères,

celle des réformateurs, le protestantisme libéral prétend, de nouveau, revenir au simple Evangile en sa pure et première source ; mais en même temps il nous déclare qu'au milieu de la végétation luxuriante qu'elle a fait naître, qu'elle alimente et qu'elle arrose, cette source a tellement caché aux yeux son berceau véritable, qu'il n'est plus possible de le retrouver !

L'autorité de l'Ecriture manque désormais au christianisme avec celle de l'Eglise ; encore une fois, nous prions qu'on nous dise ce qui distingue de la philosophie une religion qui n'a plus d'autre autorité que la raison ?

Ne perdons point courage. Il fallait commencer par déblayer un terrain confus où la critique a fort à faire pour mettre de l'ordre et de la clarté. Mais, après ce travail préparatoire, rien n'est terminé et un espoir sérieux nous demeure de découvrir enfin la distinction essentielle et spécifique que nous cherchons.

D'abord, on ne doit rien exagérer. Le judaïsme, le mahométisme sont aussi des religions monothéistes : accepteraient-elles d'être confondues avec le théisme philosophique ?

Dans la ruine de l'autorité littérale et matérielle, — à jamais disparue et nullement regrettable, — une très grande autorité morale continue d'appartenir au *Coran* des chrétiens. Quelques représentants du protestantisme orthodoxe, ou du peu qui en reste, enseignent-ils encore que toutes les pages de la Bible sont sacrées également et indistinctement ? C'est possible ; mais dans la pratique personne n'en croit rien et on ne fait aucun usage de la partie la plus considérable du saint livre. On le relit, on le sait par cœur, aux endroits où il est bienfaisant ; *on laisse dans l'ombre ce que l'âme ne peut s'assimiler*. Quelles que soient les doctrines, orthodoxes et libéraux ont donc, en fait, pour le livre de la loi et de la foi chrétiennes la même vénération éclairée et discrète. La valeur qu'il conserve est toute *subjective*. Ce qui est l'*objet* hors de nous par excellence, la chose extérieure, magique, *frappante*, dans toute la force du mot, mais incapable de nous *toucher* inté-rieurement,—à savoir le miracle,—ne parlant point à l'âme, n'ayant aucune action sur la vie spirituelle, est rejeté par les uns comme contraire, passé sous silence par les autres comme inutile à l'édification.

Ne plus croire ou ne plus penser aux *légendes* mer-veilleuses, c'est faire acte, il est vrai, de pure philosophie; mais où est dans la maison des simples philosophes, comme sur un autel domestique, le livre divinement beau et divi-nement bon, dont ils diraient ce qu'un pasteur libéral écrit de la Bible :

Plus le protestantisme libéral 'sera biblique, plus grandi-ront ses forces vives, l'étendue de son action et celle de ses destinées. Car nulle part, dans aucun livre humain, tant de trésors d'âme ne sont amassés (1).

Il convient d'atténuer, dans le même esprit de sagesse et de mesure, nos conclusions trop précipitées sur la fin logique où la religion chrétienne se condamne elle-même en niant la *divinité métaphysique* du Christ. Que signifient ces termes d'école ? ils signifient: l'incarnation du Verbe éternel et sa naissance miraculeuse d'une vierge devenue mère par l'opération du Saint-Esprit. La religion n'est plus, pour l'âme altérée un breuvage de vie, mais une pilule étrangement dure à avaler, si de pareilles violences intel-lectuelles sont nécessaires à sa définition (2). Combien la

_____

(1) Charles Wagner. *Libre pensée et protestantisme libéral,* p. 129.

(2) Un de nos grands peintres contemporains, dans une confé-rence qu'il fit à Lausanne, le 5 mars 1903, sur l'art religieux italien, a dit encore :

— « Je crois, pour ma part, à la réalité des faits évangéliques; je tiens pour vrais l'annonciation aux bergers, la naissance mira-culeuse du Sauveur, sa résurrection, son ascension triomphante. Je crois qu'à un moment donné de l'histoire, le *merveilleux*, dont

divinité d'ordre rationnel et, pour ainsi dire, *humaine*, qu'une religion philosophique a substituée à l'ancienne mythologie, n'est-elle pas une idée plus haute et plus pure! Pierre Leroux, nous l'avons vu, a supérieurement montré en quel sens Jésus pouvait se dire vraiment Fils de Dieu (1). Le protestantisme libéral n'a rien ajouté à sa belle explication. Le Christ est l'homme dans lequel l'humanité ravie contemple le plus parfait épanouissement de la vie divine. Tous les chrétiens sont appelés à devenir, comme lui, *fils de Dieu*, en se rapprochant de l'idéal que seul il a pleinement réalisé. Notre christianisme se mesure au degré de ressemblance que nous avons avec celui qui vivait dans la continuelle et profonde intimité du Père. « Il nous a laissé un exemple afin que nous suivions ses traces. » Nous suivrons donc ce frère aîné, forts de sa force, éclairés par sa lumière, remplis de son esprit.

Développons cette idée. Nous allons voir se préciser de mieux en mieux la notion d'un Ami divin, qui n'est pas une incompréhensible entité métaphysique, qui n'est pas davantage le fabuleux héros d'une espèce de conte de fées, mais qui cependant est autre chose et quelque chose de bien plus vivant que la simple leçon morale d'un traité de philosophie.

Un fondateur de religion tel que Mahomet est trop historique, trop souillé d'imperfections humaines constatées

l'imagination de l'homme a un impérieux besoin, s'est fait réalité...»
(Cité dans *Foi et Vie*, 16 octobre 1903).

Il faut respectueusement recueillir ces dernières professions d'une foi naïve, qui bientôt s'éteindra d'elle-même, dans tous les esprits cultivés, aussi totalement que la croyance aux flammes de l'enfer et à la fourche du diable. L'effort des chrétiens instruits tend désormais à conserver intacts les « trésors d'âme » qui sont dans la Bible, sans avoir à faire d'impossibles sacrifices intellectuels.

(1) Voy. page 127.

STAPFER

et connues, pour donner à ses disciples l'impression d'ir-
réalité, d'*idéal*, qui suscite les adorateurs : Jésus bénéficie
de tout ce qu'il y a d'incertain dans son histoire ; il est un
symbole, en même temps qu'un juste, un saint et un martyr qui a réellement vécu, et ce double caractère — *vérité*
et *poésie* — est ce qu'il y a de plus propre à faire naître
l'adoration.

Le simple spiritualisme philosophique nous oblige à
croire que l'Esprit de Jésus jouit éternellement de la vie.
Non seulement il vit, mais la plus grande victoire qui ait
jamais été gagnée sur la mort, c'est lui qui l'a remportée.
Une hypothèse vraisemblable, en faveur de nos jours,
estime que la vie d'outre-tombe n'est point la condition
naturelle et universelle de l'humanité, mais que ce privilège
est réservé aux âmes d'élite qui l'ont mérité en triomphant, par *l'effort* (1), du mal qui règne dans le monde, et
de tous les obstacles opposés par l'empire de la matière à
la royauté de l'esprit : par qui les instincts bas de la nature furent-ils mieux terrassés que par l'homme divin qui
est venu prêcher au monde « la nouvelle naissance », la
charité, l'amour, le sacrifice, la fraternité des hommes et
des peuples, la paternité de Dieu, la religion en esprit et
en vérité, qui n'a vécu que pour cet évangile et qui est
mort pour sa foi ?

Et pourquoi l'âme des hommes actuellement vivants ne
pourrait-elle pas communiquer avec l'âme immortelle de
l'homme le plus parfait qui ait vécu ? Quel rigorisme sec-
taire et pédantesque de taxer d'idolâtrie la prière qui, spon-

_____

(1) Voyez, sur la nature des âmes et sur leur immortalité, les
beaux *Essais philosophiques d'un naturaliste,* par M. Armand Sabatier, doyen honoraire de la faculté des sciences de Montpellier,
rassemblés pour la plupart dans sa *Philosophie de l'effort* (Paris, F.
Alcan, 1903). Il existe aussi, sur l'immortalité conditionnelle, un
grand ouvrage de M. Pétavel-Olliff, docteur en théologie (Lausanne).

tanément, monte vers lui de nos cœurs! L'invocation des saints n'est point une absurdité en doctrine ; c'est même une des belles et consolantes idées du catholicisme : seulement, il ne faut pas que le saint qu'on adore serve à retrouver les objets perdus et s'appelle Antoine de Padoue.

Telles sont d'abord les considérations qui, en restituant au protestantisme libéral l'usage pieux de la Bible et le culte de Jésus, me paraissent propres à lui rendre — dans une certaine mesure — le caractère d'une religion véritable, essentiellement et spécifiquement distincte de la philosophie théiste.

* *

En second lieu, pour que le protestantisme libéral se confondît avec la philosophie, il faudrait que les méthodes fussent les mêmes, et cela n'est point.

Il est vrai qu'on a pu apercevoir entre elles une ressemblance allant jusqu'à l'identité, du temps où tout l'effort des chrétiens libéraux était négatif et se bornait à la critique des doctrines orthodoxes. Mais cette période d'agression et de combat devait heureusement avoir un terme ; le rationalisme caractérise désormais si peu les plus sages et les plus doctes successeurs des Scherer et des Colani, que l'onction mystique — sans laquelle la religion n'est guère concevable — semble, au contraire, leur appartenir beaucoup plus qu'à la postérité lointaine de Calvin, qui, toute distante qu'elle est de son père, se montre encore plus ou moins endurcie, desséchée et raidie dans la fureur innée de dogmatiser.

Comme toutes les bonnes choses dont il ne faut point faire abus, l'usage n'est pas mauvais d'un juste mysticisme.

Le mysticisme prend obscurément naissance au fond de l'âme anxieuse, lorsque, effrayée des ravages de la critique, l'âme se met à chercher ailleurs que dans l'ordre intellectuel la méthode pour parvenir à la vérité qui sauve. Pourquoi la raison, pourquoi l'impertinente petite faculté raisonnante et raisonneuse que, superbement, nous nommons ainsi, prévaudrait-elle sur les lumières du cœur ? Ce sont deux organes différents des choses invisibles ; par quel privilège, dans la perception de ces choses, l'avantage appartiendrait-il plutôt à l'entendement qu'au sentiment ?

Il n'est point absurde d'estimer que le cœur peut avoir des droits supérieurs à ceux de la raison, si, moins turbulents à réclamer un empire qui n'est pas toujours bien solide, ils sont plus anciens, plus sérieux et plus stables. Mæterlinck a figuré ce rapport par une image pleine d'esprit : « La raison, dit-il, est, à l'égard du cœur, comme une fille clairvoyante, mais trop jeune, qui a souvent besoin des conseils de sa mère souriante et aveugle (1). » Herbert Spencer écrit, dans *Facts and Comments*, qui, étant son dernier ouvrage, est comme son testament philosophique :

Nous avons attribué à la pensée une importance qu'elle est loin d'avoir dans notre vie intérieure, et nous avons tout subordonné au culte de la raison, qui en réalité ne joue et ne peut jouer qu'un rôle secondaire. L'élément essentiel, dans la vie, n'est pas la raison, mais le sentiment dans son double rôle de sensation et d'émotion.

Les grands textes de Pascal sur les « raisons du cœur » et sur la suprématie du « sentiment » n'ont que le défaut d'être trop connus. Je viens de lire plusieurs ouvrages de philosophie tout récents, propres à éclairer la question

(1) *Sagesse et destinée*, LXXIV.

que j'étudie : *La croyance*, par Jules Payot, — *La psychologie de la croyance*, par C. Bos, — *La logique des sentiments*,
par Th. Ribot, — *L'évolution psychologique du jugement*,
par Th. Ruyssen, etc. Tous ces auteurs sont d'accord pour
dire que la croyance est antérieure à l'intelligence ; que la
foi religieuse est *toujours* déterminée par le sentiment ;
que *jamais* les raisons qu'elle met en avant n'ont fondé sa
certitude, qu'on se fait une illusion complète quand on se
l'imagine, et que l'ordre logique n'entrant ici pour rien, —
ou pour presque rien, — il en résulte que des arguments
piteux peuvent produire de très solides conversions,
scandale des gens mal informés de cette loi psychologique.

Sans doute, il vaudrait beaucoup mieux que la raison
eût sérieusement voix au chapitre. La méthode serait parfaite de tout point si la faculté intellectuelle et les autres
conspiraient comme en un concert harmonieux. Platon
disait qu'il faut chercher la vérité « avec l'âme tout entière », c'est-à-dire avec la volonté, la conscience, le cœur
et l'esprit, avec tout ce qui en nous sent et pense, désire
et juge, jouit, souffre et délibère, aime et raisonne, per-
çoit le bien, le beau et le vrai. Vinet compare la foi à un
trésor fermé par plusieurs serrures, qu'on ne saurait ouvrir avec une seule clef. L'image est belle, la doctrine
reste juste ; malheureusement la pratique lui donne un
continuel démenti. Il paraît bien établi — par l'analyse des
sentiments en général et de la croyance religieuse en particulier — que la logique n'a qu'un rôle très secondaire et
même tout à fait illusoire dans la recherche de la vérité,
dès qu'il s'agit non de science pure et de mathématiques,
mais, comme M. Ruyssen le dit éloquemment, « des affirmations auxquelles la vie même est suspendue ».

De ce que nous *sommes*, au fond le plus intime de notre
être, résulte ce que nous *croyons*.

La croyance est si bien attachée aux sentiments et désirs du sujet, qu'on pourrait prévoir sûrement à quelles croyances s'arrêtera un homme si l'on connaissait toutes les conditions psychologiques dans lesquelles il se trouve à un moment donné (1).

« Ce qu'il y a de plus superficiel en nous, dit M. Jules Payot, ce sont nos constructions intellectuelles. » Et, « ce qu'il y a de plus profond en nous », continue un autre philosophe, Mlle Camille Bos, « ce sont nos sentiments ».

Ils sont (ajoute un quatrième) l'expression immédiate et permanente de notre organisation. Nos viscères, nos muscles, nos os, tout, jusqu'aux éléments les plus intimes de notre corps, contribue à les former (2).

Il n'existe point de vérité psychologique plus profonde que cette pensée célèbre de Pascal : « Tout notre raisonnement se réduit à céder au sentiment. » Mais on ignore en général à quel point c'est vrai, et quand — dans un éclair — on l'a bien compris, déjà l'on n'y pense plus ! Un texte de Bossuet, beaucoup moins cité que celui de Pascal (sans doute parce que l'auteur lui-même n'y attachait qu'une mince signification de circonstance), prend une portée si redoutable, quand on l'isole de ce qui l'entoure et de ce qui l'occasionna, qu'il est certain que Bossuet n'en a pas soupçonné la gravité :

Nous ne cherchons ni la raison ni le vrai en rien ; mais, après que nous avons choisi quelque chose par notre humeur ou plutôt que nous nous y sommes laissé entraîner, nous trouvons des raisons pour appuyer notre choix (3).

(1) Brochard, *De l'erreur* (Paris, F. Alcan), cité par C. Bos, *Psychologie de la croyance*, p. 58. (Paris, F. Alcan.)
(2) Ribot, *Les maladies de la mémoire*, p. 94. Cité par C. Bos, *ibid.* (Paris, F. Alcan.)
(3) Lettre au maréchal de Bellefonds, 3 mars 1674.

Tous les philosophes consciencieux en conviennent.

L'effort du philosophe, avoue franchement M. Lévy-Bruhl, ne va pas tant à chercher une doctrine qu'à justifier celle qu'il a par avance... Dans le choix, ce sont ses préférences intimes et secrètes qui le guident (1).

L'empire de la logique sentimentale est, à bien peu près, universel, puisqu'on ne peut excepter de sa tyrannie que les esprits si purement spéculatifs qu'ils s'occupent d'abstractions seulement, et que ces esprits-là sont très rares. Il ne suffit pas de dire, avec M. Ribot, que « les traités de rhétorique ne sont que des essais d'une logique des sentiments » : il faut considérablement aggraver ceci en ajoutant que toute notre éducation esthétique et morale nous enseigne à revêtir d'une apparence de raison les idées qui nous plaisent, — en sorte que *l'art de doner le change et de mentir* est la définition des études littéraires.

La marche absolument honnête de l'esprit cherchant la vérité serait de prendre tout le temps utile pour aboutir à un terme inconnu : au contraire, l'homme se hâte vers une conclusion anticipée, et les démonstrations qu'il simule ne sont que d'ingénieux discours pour justifier cette conclusion embrassée d'avance avec ardeur.

Certaines questions vitales étant posées, les réponses vers lesquelles notre précipitation est la plus grande sont naturellement celles qui, nous délivrant d'une gêne ou d'un poids, peuvent être appelées « libératrices ». Il y en a deux par excellence, que nous sommes avides d'accepter : la solution religieuse et la solution anti-religieuse : l'une, parce qu'elle nous ôte le cauchemar de la mort sans réveil et du monde sans Dieu ; l'autre, parce qu'elle nous

(1) *Revue des Deux Mondes*, 15 mai 1894.

affranchit du joug intellectuel et moral qu'à tort ou à raison nous supposons lié aux affirmations de la foi. Et, suivant que nous sommes plutôt exaltés par des aspirations suprasensibles ou surtout entraînés par des tendances « libertines », notre nature nous prédestine et nous engage à l'une ou à l'autre solution.

Mais il est *naturel* aussi que nous soyons attirés à la fois par la terre et par les choses invisibles : de là, dans nos paroles et dans notre conduite, des contradictions, qui ne sont une absurdité logique que pour les étourdis capables d'oublier que l'homme n'est pas un pur esprit qui raisonne, mais une créature d'émotion, de passion et de vie.

On désire *à la fois* son salut éternel et sa volupté présente : c'est logiquement contradictoire : mais quoi de plus humain ? Nous pouvons, dans le train ordinaire de notre existence, oublier Dieu ou même le nier : qu'un malheur subit nous bouleverse, notre âme s'élancera vers lui naturellement. Et, dans tout ce que nous avons le besoin ou le désir de croire, nous affirmerons des choses opposées et qui s'excluent, — le noir et le blanc, la nuit et le jour, le pour et le contre, — sans que notre violation logique du principe de contradiction puisse être, pour une psychologie équitable et intelligente, l'objet de la moindre surprise.

Nulle part, cette facilité de dire *oui et non* n'est plus libre que dans la métaphysique, « science de ce qui n'est pas scientifique, connaissance de ce qui ne peut pas être connu, art de prouver ce qui par définition ne se prouve point (1) ». Il nous est permis, dans ce domaine, de dire que Dieu est un et qu'il y a trois ou plusieurs dieux, que

(1) M. Emile Faguet.

Dieu est personnel et qu'il est infini, qu'il est le monde et qu'il est hors du monde, — à la fois « immanent » et « transcendant », — qu'il a fait l'univers et que l'univers est éternel comme lui. Des philosophes tels que Jacobi et Amiel, des savants tels que Charles Bonnet, ont admis concurremment le déterminisme et la responsabilité morale, le mécanisme inflexible de la nature et la liberté de Dieu, la raison et la foi, la science et la religion.

La plupart des hommes et même beaucoup de penseurs n'ont pas conscience du conflit. Plusieurs en souffrent et essaient désespérément d'en sortir. Quelques-uns l'affrontent avec un tranquille courage. « Absolument païen par l'entendement, absolument chrétien par le sentiment » : telle était l'audacieuse devise de Jacobi (1).

Et voilà le *mysticisme.* On pourrait le définir: la méthode de ceux qui, *délibérément*, donnent au cœur sur la raison une prédominance *qu'il a, d'ailleurs, toujours,* — mais qu'on n'avoue pas, qu'on déguise, et qu'on réussit fort bien, en général, à faire passer pour une sujétion.

Le mysticisme des orthodoxes et celui des libéraux, extérieurement identiques dans leur objet, qui est la foi chrétienne, offrent, dans leur mode d'exercice ainsi que dans la définition de la foi, des différences considérables et singulières, où s'accuse la fraternelle antipathie de ces deux sectes.

⁎
⁎ ⁎

Fidèles, d'une part, à leur vieux dogmatisme, les orthodoxes ne consentent pas à en sacrifier *expressément* la moindre parcelle ; mais, d'autre part, profondément con-

(1) *La philosophie de Jacobi,* par Lévy-Bruhl (Paris, F. Alcan).

vaincus aussi qu'il est inutile d'essayer une patiente démonstration de vérités trop dures, ils prétendent nous les faire *avaler* (si j'ose, une seconde fois, m'exprimer ainsi) les yeux fermés et d'un seul trait. Dès lors il ne s'agit plus, pour les apologistes, que de nous persuader qu'il faut fermer les yeux, et c'est à nous prouver cette nécessité que travaille uniquement tout l'effort de leur mysticisme.

La dialectique qu'ils ont imaginée pour faire de nous des aveugles par persuasion est une merveille d'ingéniosité, qui nous fait passer, tour à tour, de l'admiration pour tant d'adresse à une certaine mésestime pour tant de prestigieuse audace.

Le comble de cette logique mystique a été atteint d'emblée par Pascal dans ce paradoxe inouï :

Qui blâmera donc les chrétiens de ne pouvoir rendre raison de leur créance, eux qui professent une religion dont ils ne peuvent rendre raison ? Ils déclarent, en l'exposant au monde, que c'est une sottise, *stultitiam*, et puis vous vous plaignez de ce qu'ils ne la prouvent pas ! S'ils la prouvaient, ils ne tiendraient pas parole. C'est en manquant de preuves qu'ils ne manquent pas de sens (1).

Dieu (dit encore Pascal) voulant paraître à découvert à ceux qui le cherchent de tout leur cœur, et caché à ceux qui le fuient de tout leur cœur, il tempère sa connaissance en sorte qu'il a donné des marques de soi visibles à ceux qui le cherchent, et obscures à ceux qui ne le cherchent pas... On n'entend rien aux ouvrages de Dieu, si on ne prend pour principe qu'il a voulu aveugler les uns et éclairer les autres... Jésus-Christ est venu aveugler ceux qui voyaient clair et donner la vue aux aveugles... Les prophéties citées dans l'Evangile, vous croyez qu'elles sont rapportées pour vous faire croire ? Non, c'est pour vous éloigner de croire. Les miracles ne servent pas à convertir, mais à condamner (2).

(1) *Pensées*, article X, § 1 de l'édition Havet.
(2) XX, 1, 7, 11 ; XXIV, 18, 42.

Calvin écrit que « toute la sagesse de Dieu est folie à l'homme jusqu'à ce qu'il soit illuminé par grâce », que « rien de bon ne peut procéder de notre volonté jusqu'à ce qu'elle soit réformée (1) ». Ainsi, non seulement le doute est un péché et la foi un devoir, mais la vertu initiale de la conversion qui sauve n'est pas réellement en nous ; elle est en Dieu qui l'inspire, qui peut rester sourd à toutes les prières et qui n'accorde sa grâce qu'à ses enfants égarés. Accepter nos ténèbres, implorer et attendre la lumière divine est la seule posture qui convienne à notre néant.

« Captiver son intelligence sous des mystères impénétrables à l'esprit humain, dit aussi Bossuet, est une chose qui appartient à la doctrine des mœurs et une partie principale du culte de Dieu (2). » — « La foi, dit à son tour Adolphe Monod, *ne fait que recevoir...* Saint Paul affirme que nous sommes sauvés par la foi, afin que ce soit par grâce et que personne ne se glorifie (3). » Et Vinet lui-même, avec une habileté subtile qu'on regrette un peu de rencontrer sous une plume si loyale :

L'impossibilité de croire la vérité sans le secours du Saint-Esprit est *une partie de cette vérité même* et l'un des objets de la foi chrétienne (4).

Que voulez-vous répondre ? L'argument est irréfutable, parce qu'il fut inventé précisément pour être insaisissable ; il échappe à notre prise comme une anguille souple qui

(1) *Institution chrétienne*, livre II. Le chap. 3 est intitulé : *Que la nature d'homme corrompue ne produit rien qui ne mérite condamnation* ; le chap. 4 : *Comment c'est que Dieu besogne aux cœurs des hommes.*

(2) *Sixième avertissement aux protestants.*

(3) Analyse et citation de C.-E. Babut, *De la notion biblique et de a notion symbolo-fidéiste de la foi justifiante*, p. 16.

(4) *L'étude sans terme* (second discours).

glisse de nos mains. Car, si nous objectons la moindre chose, on nous dira : « Profanes et aveugles, de quoi vous mêlez-vous ? N'étant point croyants, vous êtes — par définition — incapables d'intelligence religieuse. L'endurcissement de vos cœurs à la vérité chrétienne est un détestable fruit du péché originel que vous niez, et c'en est la preuve même ! Un enfant chrétien est plus compétent que vous sur la foi. Devenez enfants. Abêtissez-vous. »

Jacqueline Pascal écrivait à la mère Angélique :

> Tous les princes et tous les plus puissants rois de la terre joints ensemble n'ont pas le pouvoir de faire lever le soleil une heure plus matin qu'il ne doit ; et tous les hommes ensemble, avec toute l'éloquence et toutes les persuasions qu'on se peut imaginer, ne sauraient faire voir la vérité à une personne qui n'est pas encore éclairée de Dieu (1).

Encore une fois, aucun engagement même de dispute méthodique n'est possible. Mais on peut se mettre en colère, et c'est ce qu'ont fait Nietzsche et Diderot :

> Egaré, la nuit, dans une forêt immense, a écrit quelque part Diderot, je n'ai qu'une petite lumière pour me conduire. Survient un inconnu qui me dit : « *Mon ami, souffle ta bougie « pour mieux trouver ton chemin.* » Cet inconnu est un théologien.

Et Nietzsche :

> Le christianisme a fait tout ce qui lui était possible pour fermer un cercle autour de lui : il a déclaré que le doute, à lui seul, constituait un péché. On doit être précipité dans la foi sans l'aide de la raison, par un miracle... On exige l'aveuglement et l'ivresse, et un chant éternel au-dessus des vagues où la raison s'est noyée (2) !

Cependant il y a, dans la méthode mystique de l'orthodoxie, 1° une idée juste ; 2° une grande pensée.

---

(1) *Jacqueline Pascal*, par V. Cousin, p. 230.
(2) *Aurore. Réflexions sur les préjugés moraux*, § 89.

L'idée juste, — débarrassée des nuages théologiques sur le rôle de la grâce en cette affaire, — c'est que l'acte de foi est *volontaire* essentiellement. Il est possible qu'on ne croie pas sans quelques raisons de croire ; mais il est certain qu'on ne croit pas sans la volonté ou au moins le désir de croire. La foi n'est jamais la conclusion nécessaire d'un syllogisme ni d'aucun raisonnement qui force et contraigne l'intelligence ; elle se détermine spontanément par une cause intérieure. C'est un fait d'ordre moral, non d'ordre intellectuel et logique. « Qui veut croire croira », déclare le philosophe Renouvier.

M. Virgile Rossel, qui a bien étudié, dans son roman des *Deux forces* (1), la psychologie de l'âme chrétienne, place quelque part ce bref dialogue, où l'un des interlocuteurs, homme orthodoxe et pieux, formule avec netteté l'ordinaire mécanisme de la foi :

— Si vous aviez la volonté de croire, vous croiriez.
— Je ne peux pas, je ne peux plus.
— Parce que vous ne voulez pas, Lucien, dit Viard en le regardant fixement.

(Mais Lucien le conteste de toute son énergie, et, comme ni sa bonne volonté ni sa bonne foi ne sont douteuses, force nous est bien de laisser à la raison — dans les négations et les affirmations de la croyance chrétienne — une certaine part, secondaire si l'on veut, mais non point négligeable, dont nous aurons à reparler tout à l'heure.)

La grande et belle pensée du mysticisme orthodoxe est que la vérité religieuse n'entre point dans une âme indigne de la recevoir. L'amour et la pratique du bien sont la voie la plus droite pour mener à la connaissance du vrai. « Si

(1) Chez Payot, à Lausanne.

tu veux sentir la grandeur de l'idéal qu'on te propose », a dit Elisabeth Browning avec la même élévation de langage que si c'était Platon ou Plotin qui parlât, « commence par te dépêtrer de la boue et de la fange. Alors seulement tu seras digne de voir et d'entendre (1). » On s'attend bien que les mots les plus forts et les plus profondes réflexions sur un thème si noble se trouvent dans Vinet commentant Pascal :

Pascal, écrit Vinet, avait compris que l'âme pure ou l'âme épurée peut seule recevoir certaines vérités, parce que le péché n'est pas seulement souillure, mais ténèbres.... Il avait senti que, sous deux noms différents, vérité et vie, voir et vivre ne sont qu'une même chose; que la vérité n'est pas une forme, mais une substance, et qu'il n'y a qu'une façon de *connaître* la vérité, c'est *d'être* dans la vérité. (Jean, III, 19.)

Adolphe Monod remarque que « la Bible confond partout dans son langage la sainteté avec la lumière, la corruption avec les ténèbres. Cette confusion paraît surtout dans les mots *erreur* et *péché*, qui non seulement y sont mis souvent l'un pour l'autre, mais qui ont la même signification (2) ».

Mais pourquoi citer les docteurs chrétiens, quand nous pouvons les remplacer tous si avantageusement par Jésus-Christ lui-même et par cette seule ligne, d'une incomparable concision : *Quiconque fait le mal hait la lumière?* « Cette parole du Sauveur : *Faites la volonté de Dieu, et vous saurez alors si ma doctrine vient de lui* — est un grand avertissement de ne pas chercher la vérité par des moyens uniquement rationnels (3). »

(1) Cité par J. TEXTE : *La philosophie d'Elisabeth Browning,* dans a *Revue des Deux Mondes* du 15 avril 1892.
(2) *La sanctification par la vérité.*
(3) Lettre de Philippe-Albert Stapfer à Maine de Biran, 21 octobre 1823.

Les mêmes choses, sans être modifiées dans leur fond, deviennent bonnes ou mauvaises suivant l'aspect sous lequel on les présente. Cette méthode de la foi, — qui nous paraît maintenant si respectable, — n'est-ce point celle même qui, tout à l'heure, nous impatientait et nous irritait? A vrai dire, elle n'est ni mystique ni rationnelle ; elle est tout simplement *expérimentale*. Car il ne s'agit que d'une expérience à faire. Pourquoi ne pas tenter cette expérience? Qu'avons-nous à perdre ? Les personnes qui, en essayant de la vie du christianisme, se sont persuadées et convaincues de sa vérité, possèdent une certitude intime qui défie tous les doutes. La lumière qui les illumine est *un fait*. Nier la réalité de ce fait, voilà l'audace insupportable. Ce sont les initiés et les élus qui vraiment ont le droit de se fâcher contre la négation téméraire du jour dont la clarté les inonde et les ravit ; c'est à eux, et à eux seuls, qu'il appartient de prendre en pitié un tel aveuglement.

Ils disent, comme la Pauline de Corneille : « Je vois ! je sais ! je crois ! » ou, comme l'aveugle-né de l'Evangile, guéri par Jésus : « Je ne sais pas si cet homme est un imposteur ; mais je sais une chose, c'est que j'étais aveugle et qu'à présent je vois ! » Je ne sais pas si les dogmes bibliques sont faux, absurdes et cruels ; je ne sais pas si les miracles sont des fables. Je m'inquiète fort peu des objections particulières de la raison. D'une manière générale, je comprends (et cela me suffit) que je ne saurais tout comprendre dans la révélation de Dieu et qu'elle doit recéler de profonds mystères. Mais, depuis que j'ai résolu d'être chrétien pratiquement, les doctrines du christianisme s'expliquent à mon cœur et ne scandalisent plus mon intelligence.

Même le triste et fameux « Abêtissez-vous ! » de Pascal

ou des critiques qui le citent (1), peut, avec une bonne interprétation, devenir acceptable..... jusqu'à un certain point, — jusqu'au point où commence la dévotion extérieure, matérielle et automatique dont l'efficacité est article de foi pour le catholique superstitieux : payer des messes, prendre de l'eau bénite et toutes les opérations de cette magie. — Mais remplacez l'eau bénite par la pratique de la saine religion chrétienne : Pascal n'a fait qu'indiquer la vraie méthode, et si votre théologie estime que faire le bien nous est impossible par notre vertu propre et sans la grâce de Dieu, cette réserve — quelle qu'en soit d'ailleurs l'importance — ne change rien à l'itinéraire qui va *de la vie à la vérité*. Que l'initiative soit en vous ou que vous obteniez de Dieu, par la prière, non seulement le *faire*, mais aussi le *vouloir*, l'expérience vous est toujours possible. La doctrine la plus barbare sur la prédestination des élus pourrait seule vous enlever le courage de tenter cette expérience et l'espoir de la mener à bonne fin.

Telle est la théorie de ce que nous avons appelé le mysticisme orthodoxe.

*
* *

La volonté enfante la foi : il faut peut-être l'accorder sans réserve à la psychologie. Mais si de la *croyance* la volonté est l'unique mère, la *science* a d'autres parents. Nous *savons* aujourd'hui — de science certaine — que la terre n'est pas immobile au centre d'un univers créé pour son usage : or, rappelez-vous bien qu'un temps fut, et de très longue durée, où cette erreur était *article de foi* ;

_____

(1) **Pascal** a dit : « Cela vous fera croire et vous abêtira », art. **X**, § 1 de l'édition Havet.

elle est morte, aucune volonté d'y croire ne prévaudra
contre l'arrêt de la science qui l'a anéantie. Voilà un
exemple assez probant de l'impuissance où peut être la
volonté, — la bonne volonté, la meilleure volonté du monde,
— pour maintenir ou pour relever certaines croyances quand
on *sait* qu'elles sont fausses.

Dans l'ordre moral, les erreurs, quoiqu'elles nous frap-
pent peut-être un peu moins que dans l'ordre physique,
finissent aussi par rendre inutile et impossible tout élan
de la volonté pour y croire. Certain anthropomorphisme
fabuleux, enseigné par l'Ancien Testament et même par le
Nouveau, nous ferait honte : telle, la doctrine d'un Dieu
« jaloux » et qui « se venge » jusqu'à précipiter ses créatures dans le « *feu* éternel ».

Un *non possumus* absolu de la conscience et de la raison peut donc justifier quelquefois l'incroyance religieuse.
Au dix-septième siècle, on était encore incrédule par
« libertinage » ; on encourait les foudres de l'éloquence
sacrée parce que le manque de foi restait attribuable à la
méchanceté du cœur naturel. Cette imputation n'est plus
permise depuis que les incroyants s'appellent Littré, Taine,
Havet, Renan, Espinas, Berthelot ; l'argument qui fait du
doute un péché serait un anachronisme digne d'un curé
de village dans la bouche des prédicateurs modernes.

Avec beaucoup plus d'empressement que l'orthodoxie, le
protestantisme libéral accepte les certitudes négatives de la
critique ; mais, voulant rester religieux, il se fait mystique, lui aussi ; et alors, parti de l'abandon des vérités
traditionnelles que conserve l'église orthodoxe, il arrive
— par la méthode du *cœur* — à une conclusion tout à fait
extraordinaire, que le public chrétien connaît peu, parce
qu'on n'ose guère divulguer un si énorme paradoxe, encore à peine sorti des ouvrages spéciaux. C'est la haute

nouveauté théologique de la fin du dix-neuvième siècle ; c'est l'*actualité* élégante, c'est le «.dernier cri ».

Avant d'exposer la chose, expliquons-la par l'histoire, en montrant d'abord sa genèse.

Luther avait dit, après saint Paul, que l'homme est justifié et sauvé, non par les œuvres, mais par la foi. Tout le protestantisme est dans cette doctrine, et les libéraux, comme les orthodoxes, y demeurent profondément attachés. Seulement, qu'est-ce que la foi ? Il y a une certaine foi, prétendent les libéraux, qui ne vaut pas mieux que les œuvres, qui a le vice même qu'on reproche aux œuvres, et c'est justement celle des orthodoxes. Ils confondent la foi avec la croyance, un sentiment avec un *credo*.

Dans le roman de M. Virgile Rossel, déjà cité, *Les deux forces*, le pasteur orthodoxe, M. de Jussie, posant ses deux mains sur la Bible, dit à Lucien Mandert, qui doute :

— Si tu crois que Dieu a ressuscité des morts le Seigneur Jésus, tu seras sauvé, dit la Bible. Voilà, monsieur, l'unique manière de croire.

Qu'est-ce à dire ? *Croire que !...* Mais c'est une opération presque extérieure ! C'est tout ce qu'il y a de plus superficiel ! « Soutenir qu'on ne peut être sauvé qu'en croyant telle ou telle doctrine théologique, c'est la même chose que de dire qu'on ne peut l'être qu'en faisant telle ou telle œuvre (1). » Or, je ne pense pas, malgré certaines apparences, qu'il puisse être contestable que cette adhésion de *l'entendement* est chose essentielle en orthodoxie. Calvin a beau proclamer qu'il faut « que ce que l'enten-

(1) Auguste Sabatier, *Esquisse d'une philosophie de la religion*, p. 317.

dement a reçu soit planté dedans le cœur », que « si la parole de Dieu voltige seulement au cerveau, elle n'est point encore reçue par la foy (1) »; Jalaguier a beau insister sur la conjonction *et* dans cette formule irréprochable : « Nous disons que le christianisme est *une doctrine et une vie*(2)» : l'orthodoxie —qu'elle soit mystique ou rationnelle, qu'elle diminue ou qu'elle conserve en son entier le rôle de l'intelligence — ne sacrifie (en principe au moins) rien de la doctrine.

Adolphe Monod l'a déclaré formellement. Il écrivait à son gendre Auguste Bouvier, professeur à l'université de Genève, en 1853 :

Les doctrines sont pour moi l'objet de la foi.... Quand vous définissez la foi l'union de notre âme avec Jésus-Christ, je ne puis vous suivre (3).

— « Comment ! » répond à Adolphe Monod (je veux dire à M. de Jussie) le héros du roman des *Deux forces*, — avec une indignation généreuse, — « l'essentiel serait d'affirmer sa foi, et non pas de la vivre ! Ce ne serait pas d'être parfait comme notre Père qui est dans les cieux est parfait? Ne suis-je pas aujourd'hui ce que j'étais hier ? N'ai-je pas la même volonté de travailler selon l'esprit de Dieu ? La conception matérialiste et scripturaire des Evangiles est-elle vraie ? Nos croyances ne valent point par la rigueur de notre orthodoxie..... »

Mais M. de Jussie lui coupe la parole en disant :

— « Nous ne parlons plus le même langage. »

Continuons. La *foi*, d'après les chrétiens libéraux, ne con-

---

(1) *Institution chrestienne*, III, 4. De la foy.
(2) *Théologie générale*, p. 525.
(3) Cité d'après J.-E. Roberty, *Auguste Bouvier*, p. 90, par le pasteur A. N. Bertrand, p. 34 de la *Pensée religieuse au sein du protestantisme libéral* (Fischbacher).

siste donc point à croire qu'une doctrine est vraie ou qu'une histoire est arrivée : cela, c'est la *croyance*, quand ce n'est pas la crédulité, et cela se passe *dans la tête*, à la superficie de l'être pensant. La foi, c'est le don du *cœur* ; c'est un mouvement d'abandon, de confiance et d'amour ; c'est l'irrésistible élan de l'être tout entier vers une personne qui nous domine et nous attire par la force et la grâce de son autorité morale.

Certes, la distinction n'est point fausse, et jusqu'ici, — critique et reconstruction, — les choses ne vont pas trop mal. Mais attendons la suite.

Incontestablement, la foi est intérieure, ou, comme la philosophie s'exprime, *subjective*: c'est-à-dire que ce sentiment n'existe que dans l'âme où il est senti, et la chose est si vraie que c'est une vérité de la Palisse. Reconnaissez, en effet, qu'il en est ainsi de toute espèce de certitude, qu'elle soit d'ordre intellectuel aussi bien que d'ordre moral. Sans aucun doute possible, une vérité quelconque n'existe *pour nous* qu'autant que nous l'avons perçue par la vue ou par l'ouïe, par la connaissance ou par le sentiment. Mais, de cette nécessité où nous sommes très évidemment de la connaître pour la connaître et de la sentir pour la sentir, irons-nous conclure qu'*objectivement* elle n'est pas, ou qu'elle est de moindre importance ? Eh bien ! c'est à cet excès de subjectivisme que tend l'auteur de *la Religion de l'esprit* (p. 416) :

Qu'est-ce que la foi, écrit Auguste Sabatier, j'entends la foi personnelle et vivante, sinon l'appropriation individuelle de la vérité ? Comment donc la foi serait-elle autre que subjective ? Et la certitude chrétienne peut-elle se trouver hors du ressort de ma conscience ?

Je ne puis m'empêcher de reconnaître que la réponse de

M. Brunetière à cette proposition imprudente et naïve est aussi forte de style que de pensée :

Il est bien certain, entre autres choses certaines, écrit l'auteur de *la Fâcheuse équivoque* (1), qu'aucune certitude n'existe pour moi qu'autant qu'elle est saisie par moi. Mais si par hasard elle n'était pas saisie par moi, son objet n'en existerait pas moins... L'authenticité des Evangiles ou la divinité du Christ ne dépendent pas de ce que j'en pense. Elles sont ou elles ne sont pas ; *sunt ut sunt aut non sunt* ; et je les connais ou je ne les connais pas ; mais mon adhésion ou mon refus d'y croire n'y saurait rien changer... La piété ne crée pas son objet. Elle le crée si peu qu'on pourrait dire qu'en matière de religion le problème des problèmes est précisément de savoir si l'objet de la piété existe en dehors d'elle.

Malheureusement, cette recherche, conduite par la bonne méthode ordinaire, qui est de s'éclairer de toutes les lumières de la critique, peut aboutir à des résultats désastreux. Or, selon une remarque très fine et très juste d'Auguste Sabatier, les *croyances* dont la critique a démontré l'erreur ne se relèvent jamais de ce coup, tandis que la *foi*, au contraire, telle qu'il vient de la définir, — si, par aventure, elle s'est affaiblie ou même éteinte, — « peut toujours renaître dans le recueillement, le repentir et la prière », parce qu'elle n'est pas une notion, mais un sentiment..... Et soudain, comme pour ruiner par une négation plus audacieuse toutes les négations funestes de l'intellectualisme, — tel un homme éperdu, pour fuir l'inondation, se jette parfois dans la rivière, — voici surgir le grand paradoxe, le suprême défi du cœur qui aime à la raison qui pense et qui juge :

Le pécheur est sauvé ou justifié par sa foi, c'est-à-dire

(1) Article déjà cité du 15 novembre 1903.

par le don de son cœur à Dieu, *indépendammen! de ses croyances et quelles que soient celles-ci* (1).

Elles importent, en effet, si peu, qu'on peut avoir la foi et être sauvé en pensant, par exemple, que Jésus-Christ n'a jamais existé.... Vous croyez à quelque mauvaise plaisanterie? Le grave pasteur de Nîmes, M. Babut, qui est mon autorité ici, ne plaisante pas en pareille matière :

> Un homme qui penserait que Jésus-Christ n'a jamais existé peut-il avoir la foi qui sauve? M. Ménégoz a le courage de prononcer un *oui* qui eût, à coup sûr, étonné saint Paul. D'après le professeur de Paris, si un homme qui a donné son cœur à Dieu a l'esprit assez mal fait pour révoquer en doute toute l'histoire de Jésus et son existence même, «·Dieu ne le condamnera pas pour cette bizarrerie intellectuelle ». Il ajoute, non sans une certaine désinvolture : « Au paradis, cet original verrait qu'il s'est trompé et se jetterait aux pieds du Seigneur. »

Que le savant théologien, cité par M. Babut, me pardonne! Je ne puis lire ces choses sans penser à certain docteur subtil dont le jésuite des *Provinciales* disait : « Tout le monde l'aime ; il fait de si jolies questions ! » Voici une autre « jolie question »; elle concerne non plus l'existence de Jésus..... mais celle de Dieu ! L'embarras d'une réponse assez entortillée achève la ressemblance avec les bons pères de Pascal :

> Ne pourra-t-on pas dire que la foi à l'existence de Dieu est indispensable au salut? Car comment l'homme qui ne croit pas à l'existence de Dieu lui peut-il consacrer son cœur ? L'objection est logique, du moins d'après la logique formelle, et, certes, c'est bien aussi la règle générale. Cependant, même sur ce point, l'Evangile de Christ ne nous permet

(1) Le professeur Ménégoz, cité par le pasteur Babut dans sa brochure intitulée : *De la notion biblique et de la notion symbolo-fidéiste de la foi justifiante* (Fischbacher).

pas de ne pas admettre certaines exceptions (1). Mais si la foi n'implique pas d'une manière absolue la croyance consciente à l'existence de Dieu, cette foi inconsciente devra forcément progresser vers une foi consciente, etc.

Il fallait baptiser d'un nom nouveau une théologie si originale : on l'appelle le *symbolo-fidéisme* (2).

Voilà l'extrême déliquescence où fond et s'évanouit la religion du protestantisme libéral mystique. Les modernes inventeurs du *symbolo-fidéisme* se sont-ils aperçus que leur état d'âme est tout pareil à celui de Mme Guyon, pour qui les dogmes religieux étaient devenus indifférents? Le mysticisme ne mène pas seulement à l'hérésie par l'émancipation absolue du sentiment individuel, qu'aucune autorité scripturaire ou ecclésiastique ne contient ; l'effet de ce subjectivisme effréné est d'anéantir tellement l'im-

---

(1) A cette expression : *ne nous permet pas de ne pas admettre*, M. Babut met en note : « C'est-à-dire *nous commande d'admettre*.... En quel chapitre l'Evangile nous commande-t-il d'admettre qu'on peut avoir la foi sans croire en Dieu ? Nous serions curieux de le savoir. »

(2) Le professeur Ménégoz a publié dans la *Revue de théologie de Montauban* et dans une brochure à part (Fischbacher) une *Réponse à M. le pasteur Babut*. En voici les points essentiels :

. D'accord avec toute la tradition protestante, le *fidéisme* enseigne « la gratuité absolue du pardon et du salut ». — « Nous sommes sauvés par la foi, indépendamment des croyances » ne signifie point que la foi soit indépendante des croyances, mais que « si nous avons la foi du cœur, nos erreurs doctrinales ne sont pas pour nous une cause de damnation, pas plus que nos croyances vraies n'ont une vertu justifiante ». — Croire qu'il ne peut y avoir de salut sans la foi explicite en Jésus-Christ, sans la croyance consciente à l'existence de Dieu, c'est « une survivance ancestrale, un petit reste de la vieille erreur de la justification par les croyances ». Il n'est point nécessaire que la foi soit consciente. « Le doute ou la négation peuvent être dans la tête, en même temps qu'une foi réelle est dans le cœur, dans le *subconscient*. » — « Pour avoir l'assurance du salut, je n'ai pas besoin de forcer mon intelligence à croire des choses qui me paraissent historiquement ou dogmatiquement contestables..... Les fidéistes n'ont à se préoccuper ni d'histoire ni de dogme. »

Dans cet ordre d'idées le professeur découvre le secret de con-

portance des objets de la foi religieuse, qu'ils n'ont même plus de réalité.

Très spirituellement, le pasteur Babut ruine à fond la doctrine par cette simple remarque, que Saul de Tarse, avant la crise qui fit de lui saint Paul, était un assez bon « fidéiste », puisqu'il servait Dieu en toute bonne foi. Si M. Ménégoz lui-même n'est pas arrivé, par sa méthode, à la prédication commode et agréable du salut par la sincérité, ses disciples y arriveront logiquement. Au parlement des religions tenu à Chicago, en 1893, le rabbin Kohut, de New-York, a dit que « seule la droiture sauve (1) ».

Croire, ne pas croire, qu'importe ? la seule chose nécessaire est d'être consciencieux, et cela peut être juste en morale ; mais si la religion n'a rien de plus à nous dire, ce n'était vraiment pas la peine que la sainte victime du Calvaire se dérangeât pour nous.

*
* *

Quelle que soit la dissolution finale vers laquelle se précipitent et les croyances et la foi elle-même par excès d'indi-

___

cilier la science et la foi. Il aboutit aussi à une conclusion d'un grand intérêt actuel en ce qui touche les églises. Car, — à la différence des libéraux ordinaires, — il n'approuve pas qu'une église se passe de toute confession de foi ; mais il propose de faire comme les luthériens, qui s'en sont bien trouvés, et de maintenir simplement les « confessions historiques, anciennes ou récentes », en autorisant, par une déclaration expresse, les frères unis dans la communion du même culte à interpréter ces documents « dans l'esprit de foi et de liberté des réformateurs ».

Mis en goût par mes deux premières lectures, j'ai lu successivement les divers écrits théologiques du professeur Ménégoz, et j'ai pu constater que l'analyse critique du pasteur Babut est d'une rigoureuse exactitude. Seulement,— comme il arrive toujours quand on cite des textes isolés, — cette analyse risque, malgré sa bonne foi, de faire quelque tort au fondateur du *symbolo-fidéisme*. Il faut le lire lui-même pour rendre toute justice à sa gravité et à sa piété.

(1) Lucien Arréat. *Les croyances de demain*, p. 29 (Paris, F. Alcan).

vidualisme religieux, la seule forme vivace d'une religion de l'avenir ne pourra être désormais que le christianisme le plus libéral.

Le besoin de prier et de chanter en commun, de lire et de commenter ensemble le Livre sans pareil qui était la parole de Dieu pour nos pères et qui demeure pour nous plein de trésors divins, continuera de faire des églises et de rassembler les hommes dans des temples ; mais le sentiment religieux, qui est personnel et vague, remplaçant de plus en plus les doctrines communes et précises, cette société des âmes sera de moins en moins celle des idées.

L'orthodoxie protestante — j'entends : le système de métaphysique révélée et d'histoires miraculeuses fondé sur l'autorité scripturaire — a manifestement fini de vivre. On peut, par des arguments ingénieux, établir qu'une autorité est nécessaire ; par des arguments plus ingénieux encore, démontrer avec élégance qu'il n'y a point de religion de la raison, que l'incompréhensible et l'incroyable, le mystère, le choquant, « l'injuste », la *folie* — sont impliqués dans l'idée même d'une révélation, et que rien n'est plus pauvre et plus infécond que le bon sens : cette logique habile ne prévaudra plus contre la « désuétude » dont meurt l'orthodoxie, et contre le fait profondément significatif, que les mêmes hommes qui défendent extérieurement cette thèse ne cessent de lui donner un secret démenti par leurs efforts anxieux pour concilier la religion avec la raison.

Quant à l'église catholique, assurément il est possible de galvaniser ce cadavre, de l'enguirlander de rubans et de fleurs, de l'affermir même sur ses pieds de cendre et de le faire admirer au monde : « Voyez comme il est rose et robuste et vivant ! » Ce ne sera plus jamais qu'une ruine fortifiée et parée. On nous presse d'accepter, avec une certaine interprétation des Ecritures, d'étranges suppléments extra-bibliques garantis par l'autorité des conciles ou des papes : que des milliers et des millions de créatures aveugles continuent de dormir dans cette foi naïve, à la bonne heure ! que des politiques insoucieux de la vérité idéale et préoccupés uniquement des choses de la terre recrépissent la vieille masure dans l'intérêt de l'ordre et de la société, passe encore ! mais quand on voit des personnes intelligentes, — par faiblesse, par calcul ou par ostentation, — faire semblant de croire à des absurdités hors texte dont elles savent la haute fantaisie, on ne peut éprouver pour elles que du mépris, surtout si leurs lumières les appelaient à l'honneur d'éclairer l'entrée de l'avenir.

Plus une religion est positive, moins elle paraît acceptable aux esprits façonnés par la culture moderne. L'insuffisance même, le vague et la pauvreté théologique du protestantisme libéral le protègent, seul, contre la destruction. C'est une dilution du christianisme, présentant l'avantage, — inappréciable pour les hommes de raison et de sentiment — de réduire au minimum l'irrationnel sans se confondre entièrement avec la philosophie.

* * *

De même qu'à la guerre, des assiégés, que l'on croyait sur le point de se rendre, peuvent regagner toutes leurs positions en passant de la défense à l'attaque, la religion en général, et même une religion positive quelconque, reprendra soudain ses avantages par une tactique offensive qui force l'irréligion à se découvrir : car elle est laide à voir.

S'il y a une chose qui nous fasse horreur, une chose qui serait capable — par réaction — de nous rendre sympathique et cher le vieux papisme lui-même, tout fardé et maquillé qu'il soit, c'est la libre-pensée, telle qu'elle est, non point dans sa définition théorique, mais dans sa hideuse réalité : le rire stupide de la « raison » et son souffle brutal pour éteindre dans les âmes le plus noble sentiment de l'homme : l'inquiétude des choses *du ciel*, — j'entends par là, simplement, des choses qui ne sont pas *de la terre*.

Je n'ai pas besoin de renvoyer à Calvin ni même à Lamennais ou à Pierre Leroux les natures bassement frivoles qui affectent l'indifférence en matière métaphysique et religieuse. Voltaire me suffit.

Il ne pouvait comprendre la dédaigneuse et sotte indifférence dans laquelle croupissent presque tous les hommes sur l'objet qui les intéresse le plus. A quarante ans, dans le *Traité de métaphysique* qui ne fut publié qu'après sa mort, il avait dit que les questions sur Dieu, sur la morale et la religion, sont d'une importance à qui tout cède, et que les recherches dans lesquelles nous amusons notre vie sont bien frivoles en comparaison. A soixante-seize ans, il ne pouvait encore s'accoutumer à la légèreté avec laquelle des personnes d'esprit traitent la seule chose essentielle : « Qui es-tu ? D'où viens-tu ? Que fais-tu ? Que deviendras-tu (1) ? »

La réponse peut ne se trouver jamais ; il est même très probable qu'on ne la trouvera jamais. Ce qui distingue la noblesse d'âme de la vulgarité, ce n'est donc pas nécessairement de chercher soi-même ce qu'on désespère peut-être de découvrir; mais c'est de maintenir au moins son

---

(1) VOLTAIRE. *Etudes critiques*, par Edme Champion, page 194, où une note renvoie à de nombreux et très honorables passages des œuvres de Voltaire.

esprit à cette hauteur de curiosité sublime où l'on ne s'intéresse à rien tant qu'aux courageuses études des explorateurs de l'au-delà.

On a fait cette juste remarque, que, plus les sujets d'une conversation mondaine sont généraux, plus elle est relevée et digne qu'on l'écoute ; la plus plate, la plus misérable est celle qui se traîne dans les « cancans » et les « potins » du quartier. J'ajouterai que plus les objets de nos recherches sont lointains et inaccessibles, plus il est beau de vouloir les connaître, et que le degré d'ardeur que *nous mettons à cette poursuite est un bon criterium de la valeur des esprits*. En histoire, l'antiquité la plus reculée, les premières origines du genre humain, — si l'on pouvait remonter jusque-là, — n'est-ce pas bien plus intéressant que ce qui s'est passé hier à nos portes ? En géographie, parlez-moi des terres inconnues, et ne vous gênez pas pour broder un peu ; vérité ou fiction, vos récits merveilleux m'enchanteront toujours. Finirons-nous jamais par savoir quelque chose de la vie intellectuelle et morale à la surface de Mars ? La moindre révélation de cet ordre sur un monde de notre système me passionnerait mille fois plus que tout ce que nous savons de la terre, mais moins que les choses du ciel de Sirius, et celles-ci, à leur tour, moins que ce que l'on pense et ce que l'on fait dans le dernier globe blêmissant de la dernière nébuleuse.

Il n'est pas probable que l'homme soit le suprême échelon « de la vie, de la pensée et de l'amour », ou plutôt il est contraire à toute induction, à toute analogie, de le supposer. Le sage Guyau, à la fin de son beau et religieux ouvrage si mal intitulé *L'irréligion de l'avenir*, nous autorise à croire que l'évolution a pu et dû produire des hommes supérieurs à notre humanité, tels que ceux que les anciens appelaient des « dieux ». Il nous invite à une communion des âmes avec « nos frères extra-terrestres qui peuplent l'univers » et à une collaboration de toutes les intelligences et de toutes les volontés à l'œuvre divine du bien.

Le doyen honoraire de la faculté des sciences de Montpellier, M. Armand Sabatier, croit à l'identité fondamentale des forces *psychiques* et des forces *cosmiques*: la lumière, la chaleur, le magnétisme, l'électricité. Contre le matérialisme, qui tire l'esprit de la matière, et contrairement aussi au spiritualisme classique, qui séparait absolument l'âme du corps, l'éminent naturaliste enseigne que l'esprit est à l'origine des choses, que la matière en est tirée, et qu'au sortir de l'état présent où l'esprit se montre à nous revêtu d'une forme matérielle, il est légitime de concevoir un dernier -- ou premier état, — où il sera de nouveau « purement spirituel (1) ».

Gœthe et Victor Hugo penchaient vers une noble croyance à l'immortalité « conditionnelle », c'est-à-dire réservée aux victorieux qui l'ont conquise. Jean Reynaud rêvait l'odyssée des âmes de planète en planète. Pierre Leroux avait la ferme conviction d'une « palingénésie » de tous les humains.

M. Emile Boutroux, membre de l'Institut, professeur d'histoire de la philosophie moderne à la Sorbonne, présentant au public français la dernière œuvre du savant psychologue américain William James, *l'Expérience religieuse*, écrit dans la préface de ce grand ouvrage qu'on vient de traduire :

Religion et science sont deux clefs dont nous disposons pour ouvrir les trésors de l'univers. Et pourquoi le monde ne

(1) Voir, avec la *Philosophie de l'effort* (Paris, F. Alcan), une conférence non recueillie dans ce volume et prononcée à l'Institut général psychologique de Paris, le 13 mai 1904 : *Comment se fabriquent les âmes ?* (Fischbacher).

se composerait-il pas de sphères de réalités distinctes mais interférentes, si bien que nous ne pourrions, nous, l'appréhender qu'en usant alternativement de différents symboles et en prenant des attitudes diverses ? A ce compte, religion et science, vérifiées, chacune à sa manière, d'heure en heure, d'individu en individu, seraient coéternelles (1).

Ces magnifiques hypothèses sont inspirées par un sentiment religieux qui est bien digne de toute notre sympathie, puisque, en ne faisant qu'une seule et même chose avec l'élan métaphysique et poétique, il n'a rien de contraire à la science ni à la raison.

Il ne paraît donc pas absolument nécessaire que la religion soit « absurde » ; mais ce qui est absurde et mesquin, au delà de tout ce qu'on peut imaginer, c'est la triste originalité de la démocratie française, devenue si terre à terre, si hostile aux rêves de grande envolée et aux sublimes essors, que nous donnons aujourd'hui le spectacle, sans doute unique au monde, d'une « irréligion nationale (2) ».

La « libre pensée » nous asservit à l'athéisme obligatoire. Défense de croire en Dieu. On a ôté Dieu de la nature ; on le retire de la morale.

La religion, qui, autrefois, était surtout une cosmogonie et une métaphysique, a fini par devenir presque uniquement une morale. Il s'agit donc, pour nos libres-penseurs attelés à leur besogne antireligieuse, de fonder la morale

---

(1) *L'Expérience religieuse, essai de psychologie descriptive*, par William James, professeur de psychologie à l'université Harvard, correspondant de l'Institut de France. Traduit avec l'autorisation de l'auteur par Franck Abauzit, professeur de philosophie au lycée d'Alais. Préface d'Emile Boutroux, page XIV (Paris, F. Alcan 1905).

(2) Le mot est de Guyau : « Au lieu d'une religion nationale, nous avons en France une sorte d'irréligion nationale; c'est là même ce qui constitue notre originalité au milieu des autres peuples. » *L'irréligion de l'avenir*, p. 210 (Paris, F. Alcan).

laïque comme ils disent, c'est-à-dire sans Dieu. Avec l'affectation d'un beau désintéressement, ils s'indignent des sentiments égoïstes qu'ils prêtent aux disciples de la morale religieuse. — « Votre piété, nous disent-ils, est un placement d'outre-tombe ; c'est pour mériter le ciel que vous faites le bien. » — Oui, ce blâme put être juste, il le fut, à l'époque d'enfantillage de la foi chrétienne, et il tombe encore de tout son poids sur les arriérés qui prolongent cette période. Mais, en dehors des moines, *pas un chrétien*, *pas un homme religieux qui soit digne de ce nom*(1) ne donne aujourd'hui à un pareil calcul le moindre accès dans son esprit. Si nous continuons de soutenir que la morale a besoin d'un fondement métaphysique, c'est-à-dire religieux, et que la majesté d'une obligation sacrée lui est nécessaire, ce n'est pas tant pour qu'on la pratique (la moralité, Dieu merci ! dépend de nos instincts, non pas de nos doctrines) que pour qu'on ose l'enseigner.

Le devoir de faire le bien et de fuir le mal est trop sérieux pour ne pas impliquer des relations éternelles. « Sans Dieu, sans l'âme et la vie à venir, dit l'auteur très « laïque » des *Crises d'une âme*, la morale n'est plus qu'un reste de préjugés traditionnels qui ne résiste pas à l'analyse, une idole devant laquelle l'homme cesse de s'incliner, le jour où il commence à s'apercevoir que lui-même l'a faite. »

On prétend substituer au devoir une habitude héréditaire convertie par les siècles en instinct inné : mais les simples obligations de la civilité puérile et honnête, devenues invétérées par la coutume, nous enchaînent aussi de liens tout pareils ; nous nous en affranchissons pourtant quelquefois, quand nous savons leur histoire et leur caractère

(1) Relisez, page 124, ce que Pierre Leroux, philosophe non *chrétien*, mais *religieux*, pensait de la morale « indépendante » ou « laïque », si honorée aujourd'hui.

conventionnel, sans encourir d'autre inconvénient que celui de passer pour un « original ». Il en sera de même de l'obligation morale dépouillée d'une autorité transcendante. C'est se moquer du monde d'espérer que la considération de l'intérêt social, le culte de la raison publique, le respect de la déesse Humanité, puisse jamais devenir pour nous l'équivalent de la loi religieuse. Une morale naturelle est plus impossible à concevoir qu'une religion naturelle.

Les doctrines de la philosophie ne sont pas assez sûres pour que nous soyons jamais obligés d'adopter celles qui nous dégoûtent. La vérité et la beauté sont trop proches parentes pour que, où l'une fait défaut, l'autre ne perde pas la moitié de la valeur qu'elle emprunterait à l'assemblage. La morale et aussi la religion sont des esthétiques supérieures.

Sans trop nous inquiéter de contradictions particulières, — inévitable condition, dans l'obscure complexité des choses, de tout libre et loyal esprit, — nous n'abandonnons donc point l'espérance d'apporter quelque satisfaction aux aspirations religieuses et aux exigences philosophiques, qui sont l'honneur et le tourment de la conscience humaine, en ayant soin de maintenir dans nos âmes, dans nos pensées, dans nos vies, l'harmonie fondamentale du bien, du beau et du vrai.

1905.

6-11-05 — Imp. E. ARRAULT et Cie — Tours.

BIBLIOTHEQUE   NATIONALE

SERVICE DES NOUVEAUX SUPPORTS

58, rue de Richelieu, 75084 PARIS CEDEX 02 Téléphone   266 62 62

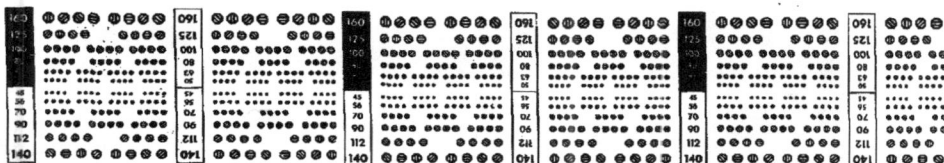

Achevé de micrographier le :   31 / 05 / 1978

Défauts constatés sur le document original

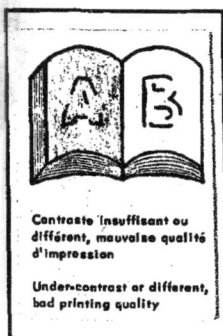

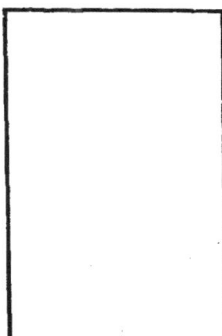

Contraste insuffisant ou
différent, mauvaise qualité
d'impression

Under-contrast or different,
bad printing quality

www.ingramcontent.com/pod-product-compliance
Lightning Source LLC
Chambersburg PA
CBHW070622100426
42744CB00006B/583